羽毛球基础技术教程

主　编　夏云建
副主编　盛紫莹　文　凯　桂全安
编　者　（按姓氏笔画排序）
　　　　文　凯　吴　钟　张　凡
　　　　桂全安　夏云建　高　考
　　　　盛紫莹　鲍晓迪

华中科技大学出版社
http://www.hustp.com
中国·武汉

内 容 简 介

本教材以羽毛球实战技术为基础,同时结合羽毛球运动理论知识,使读者了解羽毛球运动最新发展动态。

本教材共分十章,内容包括绪论、羽毛球运动的健身价值、羽毛球运动的基本技术、羽毛球基本技术训练的方法和目标、羽毛球战术知识、羽毛球体能训练、羽毛球运动常识及运动损伤的防治、羽毛球竞赛规则与裁判法、羽毛球比赛常用竞赛方法、羽毛球比赛的编排工作简介。

本教材言简意赅,总结了羽毛球运动的训练方法和实战教学经验,让羽毛球运动员和爱好者更容易掌握和学习羽毛球运动的基本理论知识及操作方法。

图书在版编目(CIP)数据

羽毛球基础技术教程/夏云建主编. —武汉:华中科技大学出版社,2019.1(2024.1重印)
ISBN 978-7-5680-4802-6

Ⅰ.①羽… Ⅱ.①夏… Ⅲ.①羽毛球运动-教材 Ⅳ.①G847.2

中国版本图书馆 CIP 数据核字(2018)第 302549 号

羽毛球基础技术教程 夏云建 主编
Yumaoqiu Jichu Jishu Jiaocheng

策划编辑:汪飒婷
责任编辑:熊　彦
封面设计:刘　婷
责任校对:张会军
责任监印:徐　露
出版发行:华中科技大学出版社(中国·武汉)　　电话:(027)81321913
　　　　　武汉市东湖新技术开发区华工科技园　　邮编:430223
录　排:华中科技大学惠友文印中心
印　刷:广东虎彩云印刷有限公司
开　本:787mm×1092mm　1/16
印　张:12
字　数:253 千字
版　次:2024 年 1 月第 1 版第 5 次印刷
定　价:49.00 元

本书若有印装质量问题,请向出版社营销中心调换
全国免费服务热线:400-6679-118　竭诚为您服务
版权所有　侵权必究

Foreword 前 言

羽毛球运动历史悠久，有助于强身健体、陶冶情操、增添生活情趣，是深受广大群众喜爱的小型球类运动，也是全世界热门的运动项目之一。中共中央国务院在《关于深化教育改革，全面推进素质教育的决定》中强调：学校教育要树立"健康第一"的指导思想，面向全体学生实施素质教育。《中华人民共和国高等教育法》和《中华人民共和国职业教育法》要求，体育教育应当使学生掌握本专业必备的基础理论、专门知识，具有从事本专业实际工作的基本技能和初步能力。

羽毛球运动对学生运动参与、运动技能、身体健康、心理健康及社会适应等五个目标领域都有着积极的影响。本教材可满足羽毛球课程身心参与、从事练习和承受运动负荷的实践特征，适合体育院系学生学习，也可作为初、中级羽毛球教练和羽毛球运动爱好者的参考教材。

本教材以羽毛球实战技术为基础，同时结合羽毛球运动理论知识，使读者了解羽毛球运动最新发展动态。本教材言简意赅，总结了羽毛球运动的训练方法和实战教学经验，让羽毛球运动员和爱好者更容易掌握和学习羽毛球运动的基本理论知识及操作方法。

在本教材的编写过程中，我们参考了大量的国内外羽毛球运动领域的先进研究成果，也参考了各羽毛球职业俱乐部的实践经验，在出版过程中得到了武汉商学院的资助及华中科技大学出版社的大力支持，在此一并表示感谢！

为保证出版质量，本教材由我国体育教育领域资深专家夏云建教授总体策划和把关并担任主编，盛紫莹、文凯、桂全安老师任副主编，编写团队主要由长期从事体育教学和羽毛球运动实践的年轻学者组成。本教材共分十章：第一章，绪论；第二章，羽毛球运动的健身价值；第三章，羽毛球运动的基本技术；第四章，羽毛球基本技术训练的方法和目标；第五章，羽毛球战术知识；第六章，羽毛球体能训练；第七章，羽毛球运动常识及运动损伤的防治；第八章，羽毛球竞赛规则与裁判法；第九章，羽毛球比赛常用竞赛方法；第十章，羽毛球比赛的编排工作简介。各章节具体分工如下：第一章，桂全安；第二章，吴钟；第三章，文凯；第四章，鲍晓迪；第五章，盛紫莹；第六章，高考；第七章，张凡；第八章，桂全安；第九章，桂全安；第十章，桂全安。本教材由夏云建、盛紫莹统稿。

限于作者水平，本教材中难免存在一些疏漏和不足，望读者及同仁批评指正。

编 者

Contents 目 录

第一章 绪论 ⋯⋯⋯⋯⋯⋯⋯⋯⋯⋯⋯⋯⋯⋯⋯⋯⋯⋯⋯⋯⋯⋯⋯⋯⋯ 1
　第一节　羽毛球运动概况 ⋯⋯⋯⋯⋯⋯⋯⋯⋯⋯⋯⋯⋯⋯⋯⋯⋯ 1
　第二节　羽毛球运动场地与器材 ⋯⋯⋯⋯⋯⋯⋯⋯⋯⋯⋯⋯⋯ 13
　第三节　羽毛球观赛礼仪 ⋯⋯⋯⋯⋯⋯⋯⋯⋯⋯⋯⋯⋯⋯⋯⋯ 18
第二章　羽毛球运动的健身价值 ⋯⋯⋯⋯⋯⋯⋯⋯⋯⋯⋯⋯⋯⋯ 20
　第一节　羽毛球运动的健身价值 ⋯⋯⋯⋯⋯⋯⋯⋯⋯⋯⋯⋯⋯ 20
　第二节　对不同人群的健身价值 ⋯⋯⋯⋯⋯⋯⋯⋯⋯⋯⋯⋯⋯ 22
第三章　羽毛球运动的基本技术 ⋯⋯⋯⋯⋯⋯⋯⋯⋯⋯⋯⋯⋯⋯ 24
　第一节　握拍 ⋯⋯⋯⋯⋯⋯⋯⋯⋯⋯⋯⋯⋯⋯⋯⋯⋯⋯⋯⋯⋯ 24
　第二节　发球 ⋯⋯⋯⋯⋯⋯⋯⋯⋯⋯⋯⋯⋯⋯⋯⋯⋯⋯⋯⋯⋯ 26
　第三节　接发球 ⋯⋯⋯⋯⋯⋯⋯⋯⋯⋯⋯⋯⋯⋯⋯⋯⋯⋯⋯⋯ 30
　第四节　后场技术 ⋯⋯⋯⋯⋯⋯⋯⋯⋯⋯⋯⋯⋯⋯⋯⋯⋯⋯⋯ 32
　第五节　前场技术 ⋯⋯⋯⋯⋯⋯⋯⋯⋯⋯⋯⋯⋯⋯⋯⋯⋯⋯⋯ 42
　第六节　中场技术 ⋯⋯⋯⋯⋯⋯⋯⋯⋯⋯⋯⋯⋯⋯⋯⋯⋯⋯⋯ 50
　第七节　提高击球质量的五大要素 ⋯⋯⋯⋯⋯⋯⋯⋯⋯⋯⋯⋯ 56
　第八节　羽毛球运动的步法 ⋯⋯⋯⋯⋯⋯⋯⋯⋯⋯⋯⋯⋯⋯⋯ 58
第四章　羽毛球基本技术训练的方法和目标 ⋯⋯⋯⋯⋯⋯⋯⋯⋯ 65
　第一节　握拍训练的方法和目标 ⋯⋯⋯⋯⋯⋯⋯⋯⋯⋯⋯⋯⋯ 65
　第二节　发球技术训练的方法和目标 ⋯⋯⋯⋯⋯⋯⋯⋯⋯⋯⋯ 67
　第三节　后场技术训练的方法和目标 ⋯⋯⋯⋯⋯⋯⋯⋯⋯⋯⋯ 71
　第四节　网前技术训练的方法和目标 ⋯⋯⋯⋯⋯⋯⋯⋯⋯⋯⋯ 73
　第五节　中半场技术训练的方法和目标 ⋯⋯⋯⋯⋯⋯⋯⋯⋯⋯ 78
　第六节　双打发球技术训练的方法和目标 ⋯⋯⋯⋯⋯⋯⋯⋯⋯ 81
第五章　羽毛球战术知识 ⋯⋯⋯⋯⋯⋯⋯⋯⋯⋯⋯⋯⋯⋯⋯⋯⋯ 84
　第一节　羽毛球战术概述 ⋯⋯⋯⋯⋯⋯⋯⋯⋯⋯⋯⋯⋯⋯⋯⋯ 84
　第二节　羽毛球基本战术 ⋯⋯⋯⋯⋯⋯⋯⋯⋯⋯⋯⋯⋯⋯⋯⋯ 86

第三节　羽毛球的打法类型及技战术特点 ………………………………… 95
　　第四节　羽毛球的打法选择 …………………………………………………… 97
第六章　羽毛球体能训练 …………………………………………………………… 100
　　第一节　羽毛球训练的原则 …………………………………………………… 100
　　第二节　羽毛球训练的内容 …………………………………………………… 101
第七章　羽毛球运动常识及运动损伤的防治 …………………………………… 108
　　第一节　羽毛球的运动常识 …………………………………………………… 108
　　第二节　羽毛球运动损伤的防治 ……………………………………………… 111
第八章　羽毛球竞赛规则与裁判法 ………………………………………………… 117
　　第一节　羽毛球竞赛规则 ……………………………………………………… 117
　　第二节　羽毛球竞赛裁判法 …………………………………………………… 128
第九章　羽毛球比赛常用竞赛方法 ………………………………………………… 141
　　第一节　羽毛球比赛项目 ……………………………………………………… 141
　　第二节　羽毛球常用竞赛方法 ………………………………………………… 142
第十章　羽毛球比赛的编排工作简介 ……………………………………………… 151
　　第一节　编排工作简介 ………………………………………………………… 151
　　第二节　竞赛日程编排案例分析 ……………………………………………… 155
思考题 ………………………………………………………………………………… 179
附件　各种比赛表格 ………………………………………………………………… 180
　　附件1　羽毛球比赛计分表 …………………………………………………… 180
　　附件2　2017年湖北省大学生羽毛球锦标赛报名表 ………………………… 183
主要参考文献 ………………………………………………………………………… 185

第一章 绪论

第一节 羽毛球运动概况

一、羽毛球运动的起源与发展

（一）羽毛球运动的起源

羽毛球运动是目前热门的运动项目之一，早在两千多年前，一种类似羽毛球运动的游戏就在中国、印度等国出现。在中国称为打手毽，在印度称为浦那，在西欧等国则称为毽子板球。19世纪70年代，英国军人将在印度学到的浦那游戏带回国，作为茶余饭后的消遣娱乐活动。

14—15世纪时，在日本，当时的球拍为木质的，球是在樱桃核上插上羽毛做成的。在14世纪末，日本出现了把樱桃核插上美丽的羽毛当球，两人用木板来回对击的运动。这便是羽毛球运动的原形。这种球的球托是樱桃核，太重，球飞行速度太快，使得球的羽毛极易被损坏，加之球的造价太高，所以使该项运动时兴了一阵子就慢慢消失了。

18世纪时，在印度的浦那，出现了一种与早年日本的羽毛球极相似的游戏，球用直径约6厘米的圆形硬纸板，中间插羽毛制成（类似我国的毽子），拍子是木质的，两人手持木拍，相对站立，隔网将球在空中来回对击。但这种游戏流行时间不长也逐步消失了。

现代羽毛球运动诞生在英国。1870年，出现了用羽毛、软木做的球和穿线的球拍。1873年，在英国格拉斯哥郡的伯明顿镇有一位叫鲍弗特的公爵在他的领地开游园会，有几个从印度回来的退役军官就向大家介绍了一种隔网用拍子来回击球的游戏，人们对此产生了很大的兴趣。因这项运动极富趣味性，很快就在上层社会社交场上风行开来。"伯明顿"（Badminton）即成为羽毛球的英文名。那时的活动场地是葫芦形的，两头宽中间窄，窄处挂网，直至1901年才改作长方形。

（二）羽毛球运动的发展

1877年，第一本《羽毛球竞赛规则》在英国出版。

1893年，世界上最早的羽毛球协会——英国羽毛球协会成立。1899年，该协会举办了第一届"全英羽毛球锦标赛"，每年举办一次，沿袭至今。随后，羽毛球运动从斯堪的纳维亚流传到英联邦各国，20世纪初流传到亚洲、美洲、大洋洲，最后传到非洲。

1934年，由加拿大、丹麦、英国、法国、爱尔兰、荷兰、新西兰等国发起成立了国际羽毛球联合会（简称国际羽联），总部设在伦敦。从此，羽毛球国际比赛日渐增多。

1939年，国际羽毛球联合会通过了各会员国需要共同遵守的《羽毛球竞赛规则》。

20世纪20年代到20世纪40年代，欧美国家的羽毛球运动发展很快，其中英国、丹麦、美国、加拿大的选手水平相当高。

20世纪50年代亚洲国家的羽毛球运动发展很快，马来西亚选手取得两届汤姆斯杯羽毛球赛冠军。同时，印度尼西亚队在技术和打法上有所创新，很快取得了霸主地位。

20世纪60年代以后，羽毛球运动逐渐向亚洲发展。

1978年2月，世界羽毛球联合会（简称世界羽联）在香港成立。1981年5月，原国际羽毛球联合会和原世界羽毛球联合会正式合并。目前，国际羽毛球联合会已拥有一百多个会员。

国际羽毛球联合会管辖的世界性比赛有：汤姆斯杯羽毛球赛（世界男子羽毛球团体锦标赛），从1948年开始，每3年举办一次（1982年起改为每2年举办一次）；尤伯杯羽毛球赛（世界女子羽毛球团体锦标赛），从1956年开始，每3年举办一次（1984年起改为每2年举办一次）；世界羽毛球锦标赛（单项比赛），从1977年开始；全英羽毛球锦标赛（非正式传统单项比赛），从1899年开始，每年举办一次。

在1988年汉城奥运会（第二十四届）上，羽毛球被列为表演项目；在1992年巴塞罗那奥运会（第二十五届）上，羽毛球被列为正式比赛项目；在1996年亚特兰大奥运会（第二十六届）上，羽毛球混双被列为比赛项目，从此羽毛球运动进入新的发展时期。

2006年，羽毛球的新规则在试行了3个月后正式实施。在该年汤、尤杯羽毛球赛中首先采用。新的计分规则最大变化是取消了发球得分制，实行每球得分制，另外将所有单项的每局获胜分统一定为21分；如果双方比分打成20∶20，获胜一方需超过对手2分才算获胜；如果双方比分打成29∶29，则率先得到第30分的一方获胜。

总的来说，双打比赛除了改一方两次发球权为一次发球权之外，其他规则与原规则类似，没有较大变化，球迷看球时不会感到不适应。

2017年11月，世界羽毛球联合会讨论通过了羽毛球发球新规则，新规则要求发球时击球点的高度不能超过1.15米。和以往发球不能过腰的规定相比看似更加精准，但也引起了不少身材高大选手的抗议。

二、我国羽毛球发展概况

1954年,一批报效祖国的赤子回国,带回了先进的羽毛球技术,同时组建了国家集训队。继而我国在东南沿海几个主要大城市也成立了以归国华侨青年为骨干的羽毛球队,在"破除迷信,解放思想,走自己的路"的思想指导下,我国羽毛球运动员总结了国内外羽毛球运动的经验教训并整理了技术资料,结合自己的运动实践进行探索,不断改进训练方法。其中,福建队主要在手法上,广东队主要在步法上进行了改革和突破。同时借鉴我国乒乓球运动的成功经验,并通过对多年训练和比赛实践经验的总结,提出了"以我为主、以快为主、以攻为主"的积极打法。后来,又经过不断地总结和完善,逐步形成了中国羽毛球运动所特有的"快、狠、准、活"技术风格。我国运动员怀着一颗勇攀世界羽坛技术高峰、为国争光的雄心大志,吸取了国外的一些先进的训练方法,勤学苦练,自觉贯彻了"从难、从严、从实战出发,科学地进行大运动量训练"的"三从一大"训练方针,运动技术水平得到了进一步的提高。

但由于政治上的原因,当时我国未加入国际羽毛球联合会,故未参加世界性锦标赛。但是在各国相互交往中,多次与当时的世界强队进行过较量,都取得了优异的成绩。被许多国外电报誉为"无冕之王""冠军之冠军"等。

直到1981年5月,国际羽毛球联合会重新恢复我国在国际羽毛球联合会中的合法席位,实现了我国运动员多年的夙愿——逐鹿世界羽坛,争夺世界桂冠,为国争光。

1981年7月,在第一届世界运动会(美国洛杉矶)上,我国运动员陈昌杰、孙志安、姚喜明、刘霞和张爱玲夺取了男女单、双打的四项冠军。1982年,我国第一次参加全英羽毛球锦标赛,张爱玲夺得女子单打冠军,徐蓉、吴健秋夺得女子双打冠军,李劲勇夺得男子单打冠军。同年,中国队第一次参加汤姆斯杯羽毛球赛,在第一天1∶3非常不利的情况下,奋力拼搏,最终以5∶4击败羽坛劲旅印度尼西亚队,夺得冠军。

1984年,在马来西亚的吉隆坡,我国羽毛球女队又夺得了第十届"尤伯杯"冠军。

紧随其后,我国又涌现了杨阳、赵剑华、熊国宝、李永波、田秉毅、林瑛、吴迪茜、李玲蔚、韩爱萍等一批世界羽坛顶尖高手,从而进一步奠定了我国羽毛球技术水平处于世界羽坛领先地位的基础,在一系列世界大赛中为祖国夺得了众多的金牌,创造了中国羽毛球历史上的辉煌时期。进入20世纪90年代,随着杨阳、赵剑华、李玲蔚等一批优秀运动员的相继退役,我国暂时出现了一段青黄不接的时期,而印度尼西亚经过多年的励精图治,涌现了一批以阿迪、王莲香为代表的新秀。此外,欧洲各国也重新崛起,韩国、马来西亚有时也有新人涌现,世界羽坛进入了群雄抗衡的时代。

在巴塞罗那奥运会上,我国羽毛球项目竟与金牌无缘。直到1995年才逐渐步出低谷,首次夺得"苏迪曼杯"冠军。在1996年亚特兰大奥运会上,葛菲、顾俊夺女双冠军,实现了我国羽毛球项目在奥运会上零的突破。1997年,我国运动员再次夺得"苏迪曼杯"

冠军,同时在世界锦标赛上获得了女单、女双和混双3块金牌,开始步入再铸辉煌的历程。

三、世界重大羽毛球赛事

(一)奥运会羽毛球发展概况

1988年,羽毛球被列为汉城奥运会的表演项目,中国运动员便参与其中。1992年,在巴塞罗那奥运会上,羽毛球被列为正式比赛项目,设男单、女单、男双、女双4块金牌。在1996年亚特兰大奥运会上,增设了混双(混合双打)比赛项目,使奥运会羽毛球项目金牌总数增至5块。

奥运会羽毛球比赛是羽毛球运动中最高水平的赛事,国际奥委会对奥运会羽毛球项目参赛选手名额有严格限制,参赛总人数限定在172人之内。每个项目根据世界排名,选出前38名单打选手、16对双打选手和16对混双选手直接参加奥运会。但每个项目中至少必须包括有五大洲的各1名选手或1对选手。这些运动员(选手)必须是该洲世界排名靠前的运动员。如果在世界排名中仍没有某洲的选手,则由在积分赛期间的最近一次该洲锦标赛中的冠军选手出席。东道国应有不少于2名运动员参加比赛。目前,每个国家和地区在1个项目中最多只能有2个席位,多出的席位依次让给排名列后的国家和地区的选手。

历届奥运会羽毛球各单项金牌获得者如下:

历届奥运会(时间)城市	男单	女单	男双	女双	混双
1992年巴塞罗那奥运会	魏仁芳(印度尼西亚)	王莲香(印度尼西亚)	金文秀/朴柱奉(韩国)	郑素英/黄惠英(韩国)	—
1996年亚特兰大奥运会	拉尔森(丹麦)	方铢贤(韩国)	苏巴吉亚/迈纳基(印度尼西亚)	葛菲/顾俊(中国)	金东文/吉永雅(韩国)
2000年悉尼奥运会	吉新鹏(中国)	龚智超(中国)	陈甲亮/吴俊明(印度尼西亚)	葛菲/顾俊(中国)	张军/高崚(中国)
2004年雅典奥运会	陶菲克(印度尼西亚)	张宁(中国)	金东文/河泰权(韩国)	杨维/张洁雯(中国)	张军/高崚(中国)
2008年北京奥运会	林丹(中国)	张宁(中国)	亨德拉·塞蒂亚万/马尔基斯·基多(印度尼西亚)	杜婧/于洋(中国)	李龙大/李孝贞(韩国)
2012年伦敦奥运会	林丹(中国)	李雪芮(中国)	蔡赟/傅海峰(中国)	田卿/赵芸蕾(中国)	张楠/赵芸蕾(中国)
2016年里约热内卢奥运会	谌龙(中国)	马林(西班牙)	傅海峰/张楠(中国)	松友美佐纪/高桥礼华(日本)	阿玛德/纳西尔(印度尼西亚)

（二）汤姆斯杯羽毛球赛发展概况

汤姆斯杯（Thomas Cup）羽毛球赛（中文简称"汤杯"）是世界上最高水平的男子羽毛球团体赛，即世界男子羽毛球团体锦标赛，原每3年举办一次，从1982年起，每2年举办一次。1934年国际羽毛球联合会成立时，英国人乔治·汤姆斯（George Thomas，全名为乔治·汤姆斯·巴尔特）被选为主席。5年后，乔治·汤姆斯在国际羽毛球联合会会议上提出，组织世界性男子羽毛球团体比赛的时机已成熟，并表示将为这一比赛捐赠一个奖杯，称为"汤姆斯杯"。此建议得到了大会的赞同，但由于第二次世界大战的爆发，原定于1941年前后举办的汤姆斯杯羽毛球赛被耽搁下来。第二次世界大战结束后，国际羽毛球联合会终于在1948年至1949年间，在英国举办了第一届汤姆斯杯羽毛球赛。

汤姆斯杯高28厘米，包括把手的宽距为16厘米，由底座、杯体和盖三部分构成，在盖的最上端有一个运动员的模型。此杯的前部雕刻有这样的词句："乔治·汤姆斯·巴尔特于1939年赠送给国际羽毛球联合会组织的国际羽毛球冠军挑战杯"。据说此杯是在伦敦用白金铸成，当时价值5万英镑。

乔治·汤姆斯·巴尔特曾是英国著名的羽毛球运动员，多次获得英国羽毛球赛冠军。他曾连续4次获得全英羽毛球锦标赛男子单打冠军，获得男子双打冠军9次，获得混合双打冠军6次。他21岁开始获得冠军，并且年年有冠军入账，他最后一次拿冠军时已41岁。1934年7月国际羽毛球联合会成立时，他被推选为第一任主席。

历届汤姆斯杯羽毛球赛冠军如下：

届次	国家	决赛城市	决赛时间	冠军	备注
第一届	英国	普雷斯顿	1949年	马来西亚	马来西亚和新加坡时属英国
第二届	新加坡	新加坡市	1952年	马来西亚	
第三届	新加坡	新加坡市	1955年	马来西亚	
第四届	新加坡	新加坡市	1958年	印度尼西亚	新加坡时属英国
第五届	印度尼西亚	雅加达	1961年	印度尼西亚	
第六届	日本	东京	1964年	印度尼西亚	
第七届	印度尼西亚	雅加达	1967年	马来西亚	
第八届	马来西亚	吉隆坡	1970年	印度尼西亚	
第九届	印度尼西亚	雅加达	1973年	印度尼西亚	
第十届	泰国	曼谷	1976年	印度尼西亚	
第十一届	印度尼西亚	雅加达	1979年	印度尼西亚	
第十二届	英国	伦敦	1982年	中国	
第十三届	马来西亚	吉隆坡	1984年	印度尼西亚	
第十四届	印度尼西亚	雅加达	1986年	中国	
第十五届	马来西亚	吉隆坡	1988年	中国	

续表

届次	国家	决赛城市	决赛时间	冠军	备注
第十六届	日本	东京	1990年	中国	
第十七届	马来西亚	吉隆坡	1992年	马来西亚	
第十八届	印度尼西亚	雅加达	1994年	印度尼西亚	
第十九届	中国	香港	1996年	印度尼西亚	香港时属英国
第二十届	中国	香港	1998年	印度尼西亚	
第二十一届	马来西亚	吉隆坡	2000年	印度尼西亚	
第二十二届	中国	广州	2002年	印度尼西亚	
第二十三届	印度尼西亚	雅加达	2004年	中国	
第二十四届	日本	东京	2006年	中国	
第二十五届	印度尼西亚	雅加达	2008年	中国	
第二十六届	马来西亚	吉隆坡	2010年	中国	
第二十七届	中国	武汉	2012年	中国	
第二十八届	印度	新德里	2014年	日本	
第二十九届	中国	昆山	2016年	丹麦	
第三十届	泰国	曼谷	2018年	中国	

（三）尤伯杯羽毛球赛发展概况

尤伯杯(Uber Cup)羽毛球赛也称为世界女子羽毛球团体锦标赛。尤伯杯是英国羽毛球选手贝蒂·尤伯于1956年的国际羽毛球联合会理事会上向该组织捐赠的。

由于汤姆斯杯羽毛球赛——世界男子羽毛球团体锦标赛搞得红红火火，曾活跃于20世纪三四十年代世界羽坛的尤伯夫人认为，也应该有一个专供女性竞技的大型羽毛球团体赛。

尤伯夫人全名为贝蒂·尤伯(Betty Uber)，是英国20世纪30年代著名的女子羽毛球选手，1930年至1949年间，她曾多次夺得全英羽毛球锦标赛女子单打、女子双打和混合双打的冠军。尤伯夫人退役后仍对羽毛球运动情有独钟，为推动羽毛球运动的发展，她在1956年的国际羽毛球联合会理事会上，正式向国际羽毛球联合会捐赠由麦皮依和维伯制作的纪念杯，即如今的尤伯杯，并亲自主持了第一届尤伯杯羽毛球赛的抽签仪式。

尤伯杯高18厘米，有地球仪样的体部，在球体顶部有一羽毛球样模型，此模型的上端站着一名握着球拍的女运动员。它的底座的周围雕刻着这样的词句："尤伯夫人于1956年赠送给国际羽毛球联合会组织的国际女子羽毛球冠军挑战杯"。

1956年至2018年间，国际羽毛球联合会共举办了27届尤伯杯羽毛球赛。尤伯杯羽毛球赛从1984年起改为每2年一届。

虽说羽毛球运动起源于英国，而且汤、尤杯羽毛球赛都是由英国人发起的，国际羽毛球联合会主要领导人也多是英国人，可英国羽毛球队却没有夺得一次汤、尤杯羽毛球赛的冠军奖杯。倒是美国姑娘在前三届比赛中实力超群，一口气就来了个"三连冠"。自1966年的第四届起，尤伯杯就告别了欧美，一直留在亚洲，得主分别是日本、中国、印度尼西亚和韩国选手。

历届尤伯杯羽毛球赛冠军如下：

届次	国家	决赛城市	决赛时间	冠军	备注
第一届	英国	兰开郡	1957年	美国	
第二届	美国	费城	1960年	美国	
第三届	美国	威尔明顿	1963年	美国	
第四届	新西兰	惠灵顿	1966年	日本	
第五届	日本	东京	1969年	日本	
第六届	日本	东京	1972年	日本	
第七届	印度尼西亚	雅加达	1975年	印度尼西亚	
第八届	新西兰	奥克兰	1978年	日本	
第九届	日本	东京	1981年	日本	
第十届	马来西亚	吉隆坡	1984年	中国	
第十一届	印度尼西亚	雅加达	1986年	中国	
第十二届	马来西亚	吉隆坡	1988年	中国	
第十三届	日本	东京	1990年	中国	
第十四届	马来西亚	吉隆坡	1992年	中国	
第十五届	印度尼西亚	雅加达	1994年	印度尼西亚	
第十六届	中国	香港	1996年	印度尼西亚	香港时属英国
第十七届	中国	香港	1998年	中国	
第十八届	马来西亚	吉隆坡	2000年	中国	
第十九届	中国	广州	2002年	中国	
第二十届	印度尼西亚	雅加达	2004年	中国	
第二十一届	日本	东京	2006年	中国	
第二十二届	印度尼西亚	雅加达	2008年	中国	
第二十三届	马来西亚	吉隆坡	2010年	韩国	
第二十四届	中国	武汉	2012年	中国	
第二十五届	印度	新德里	2014年	中国	
第二十六届	中国	昆山	2016年	中国	
第二十七届	泰国	曼谷	2018年	日本	

（四）苏迪曼杯羽毛球赛发展概况

苏迪曼杯羽毛球赛，又称世界羽毛球混合团体锦标赛，1989年开始举办，2年一届，在奇数年举办。苏迪曼杯是印度尼西亚羽毛球协会代表本国人民向国际羽毛球联合会捐赠的一座奖杯。

比赛采用五场三胜制，由男子单打、女子单打、男子双打、女子双打和混合双打等五个项目组成，是代表羽毛球整体水平的重要的世界大赛，与汤姆斯杯羽毛球赛和尤伯杯羽毛球赛齐名。

继汤姆斯杯羽毛球赛、尤伯杯羽毛球赛之后，为了提高世界各国羽毛球运动的水平，1986年，在国际羽毛球联合会召开的理事会上第一次提出了举办混合团体锦标赛的建议。1987年，国际羽毛球联合会决定新增设一项世界男女羽毛球混合团体锦标赛，并以苏迪曼杯作为这一锦标赛的优胜者奖杯。1988年，国际羽毛球联合会接受并指定了混合团体锦标赛与单项锦标赛同时举办的事宜，并决定将苏迪曼杯作为混合团体锦标赛的冠军奖杯。1989年，在印度尼西亚举办了第一届苏迪曼杯羽毛球赛，同时规定此项比赛每2年举办一次，逢双数年是汤、尤杯羽毛球赛，逢单数年为苏迪曼杯羽毛球赛。

此赛之所以称为苏迪曼杯羽毛球赛是为了纪念印度尼西亚羽毛球协会的创始人、国际羽毛球联合会前副主席迪克·苏迪曼。迪克·苏迪曼先生是印度尼西亚一位将毕生的精力奉献给羽毛球运动的"赤子"。他连续22年当选印度尼西亚羽协主席，苏迪曼先生1973年被选为国际羽毛球联合会理事，1975年出任国际羽毛球联合会副主席，直至1986年去世。苏迪曼先生毕生致力于世界羽毛球运动。苏迪曼先生去世之后，印度尼西亚人民为表达对这位"国球奠基人"的敬意，特向国际羽毛球联合会捐赠了一只造价当时约合15000美元的奖杯，并将此杯命名为苏迪曼杯。苏迪曼杯的杯身由纯银铸成，外表镀有纯金，杯高80厘米、宽50厘米、重12千克。奖杯是一个羽毛球造型，在基座上雕刻了举世闻名的古迹婆罗浮屠佛塔，是一座极富民族特色，象征着印度尼西亚人民对羽毛球运动无限热爱的奖杯。

历届苏迪曼杯羽毛球赛冠军如下：

届次	国家	决赛城市	决赛时间	冠军
第一届	印度尼西亚	雅加达	1989年	印度尼西亚
第二届	丹麦	哥本哈根	1991年	韩国
第三届	英国	伯明翰	1993年	韩国
第四届	瑞士	洛桑	1995年	中国
第五届	英国	格拉斯哥	1997年	中国
第六届	丹麦	哥本哈根	1999年	中国
第七届	西班牙	塞维利亚	2001年	中国
第八届	荷兰	埃因霍温	2003年	韩国
第九届	中国	北京	2005年	中国
第十届	英国	格拉斯哥	2007年	中国
第十一届	中国	广州	2009年	中国

续表

届次	国家	决赛城市	决赛时间	冠军
第十二届	中国	青岛	2011年	中国
第十三届	马来西亚	吉隆坡	2013年	中国
第十四届	中国	东莞	2015年	中国
第十五届	澳大利亚	黄金海岸	2017年	韩国

（五）世界羽毛球锦标赛发展概况

世界羽毛球锦标赛由国际羽毛球联合会举办。首届于1977年在瑞典马尔默举办。1978年一些国家和地区另组世界羽毛球联合会，当年也举办同名的"世界羽毛球锦标赛"。1981年，原国际羽毛球联合会与原世界羽毛球联合会合并成新的国际羽毛球联合会。世界羽毛球锦标赛也合一举办，首届于1983年举办。原有男女单打、男女双打、混合双打五项，1989年起增设苏迪曼杯羽毛球混合团体锦标赛。

在原国际羽毛球联合会和原世界羽毛球联合会1981年联合成新的国际羽毛球联合会之前，世界羽坛存在着两个世界羽毛球锦标赛，一个是原国际羽毛球联合会1977年创办的，一个是原世界羽毛球联合会1978年创办的。这两个世界羽毛球锦标赛因都未能云集当时世界羽坛的所有名将参赛，所以均算不上真正的世界最高水平的羽毛球单项锦标赛。

世界羽毛球锦标赛是国际羽毛球联合会继汤、尤杯羽毛球赛后，为了适应世界羽毛球运动日益发展的需要而设立的一种以个人单项为竞赛项目的羽毛球锦标赛。1934年，国际羽毛球联合会在英国成立，是第一个世界性的羽毛球组织。1978年，世界羽毛球联合会成立。在两个组织联合之前，它们各自已经举办了两届彼此认为是世界性的羽毛球单项比赛，即国际羽毛球联合会于1977年和1980年举办的比赛，世界羽毛球联合会在1978年和1979年举办的比赛。1981年，两个国际性羽毛球组织宣布联合，名称仍为国际羽毛球联合会。经国际羽毛球联合会各会员协商决定举办世界羽毛球单项比赛，即世界羽毛球单项锦标赛，并延续两个国际羽毛球组织以前的届数。1983年在丹麦首都哥本哈根正式举办了第三届世界羽毛球单项锦标赛。此项赛事只进行5个单项的比赛，即男女单打、男女双打和混合双打。所有项目的冠军都将获得金牌，亚军获得银牌，半决赛的负者获得铜牌。

1988年国际羽毛球联合会决定世界羽毛球单项锦标赛与新设立的苏迪曼杯羽毛球赛同时同地举办。国际羽毛球联合会根据当时的世界排名，邀请每个项目中的前16名（对）运动员直接参加比赛。国际羽毛球联合会的每个会员国和地区可以在每个项目中报名的运动员数不得超过4名（对）。

国际羽毛球联合会世界锦标赛，通常称为世界羽毛球锦标赛，是一项由国际羽毛球联合会组织的羽毛球单项锦标赛事。

2017年3月18日下午五点,世界羽毛球联合会在马来西亚吉隆坡召开理事会议,世界羽毛球联合会主席保罗·艾瑞克·霍伊宣布中国南京获得2018年世界羽毛球锦标赛的举办权。

历届世界羽毛球锦标赛冠军如下:

历届世锦赛(时间)城市	男单	女单	男双	女双	混双
1978年第一届/泰国曼谷	庾耀东(中国)	张爱玲(中国)	庾耀东/侯加昌(中国)	张爱玲/李方(中国)	比才/比芝隆(泰国)
1979年第二届/中国杭州	韩健(中国)	韩爱平(中国)	孙志安/姚喜明(中国)	巴达马/素莉蓬(泰国)	吴俊盛/陈念慈(中国香港)
		注:以上两届为原世界羽毛球联合会举办			
1977年第一届/瑞典马尔默	德尔夫斯(丹麦)	科彭(丹麦)	梁春生/洪跃龙(印度尼西亚)	梅野尾悦子/上野惠美子(日本)	斯科夫加尔德/科彭(丹麦)
1980年第二届/印度尼西亚雅加达	梁海量(印度尼西亚)	维拉瓦蒂(印度尼西亚)	张鑫源/纪明发(印度尼西亚)	佩里/韦伯斯特(英国)	纪明发/黄祖金(印度尼西亚)
		注:以上两届为原国际羽毛球联合会举办			
1983年第三届/丹麦哥本哈根	苏吉亚托(印度尼西亚)	李玲蔚(中国)	弗拉特伯格/希里迪(丹麦)	林瑛/吴迪西(中国)	吉尔斯特罗姆/佩里(瑞典/英国)
1985年第四届/加拿大卡尔加里	韩健(中国)	韩爱平(中国)	朴柱奉/金文秀(韩国)	韩爱平/李玲蔚(中国)	朴柱奉/柳尚希(韩国)
1987年第五届/中国北京	杨阳(中国)	韩爱平(中国)	李永波/田秉毅(中国)	林瑛/关渭贞(中国)	王朋仁/史方静(中国)
1989年第六届/印度尼西亚雅加达	杨阳(中国)	李玲蔚(中国)	李永波/田秉毅(中国)	林瑛/关渭贞(中国)	朴柱奉/郑明熙(韩国)
1991年第七届/丹麦哥本哈根	赵剑华(中国)	唐九红(中国)	朴柱奉/金文秀(韩国)	农群华/关渭贞(中国)	朴柱奉/郑明熙(韩国)
1993年第八届/英国伯明翰	佐戈(印度尼西亚)	王莲香(印度尼西亚)	苏巴吉亚/郭宏源(印度尼西亚)	农群华/周雷(中国)	伦德/本特松(丹麦/瑞典)
1995年第九届/瑞士洛桑	阿尔比(印度尼西亚)	叶钊颖(中国)	苏巴吉亚/迈纳基(印度尼西亚)	吉永雅/张惠玉(韩国)	伦德/托姆森(丹麦)

续表

历届世锦赛（时间）城市	男单	女单	男双	女双	混双
1997年第十届/英国格拉斯哥	拉斯姆森（丹麦）	叶钊颖（中国）	西吉特/陈甲亮（印度尼西亚）	葛菲/顾俊（中国）	刘永/葛菲（中国）
1999年第十一届/丹麦哥本哈根	孙俊（中国）	马尔廷（丹麦）	金东文/河泰权（韩国）	葛菲/顾俊（中国）	金东文/罗景民（韩国）
2001年第十二届/西班牙塞维利亚	叶诚万（印度尼西亚）	龚睿那（中国）	吴俊明/哈林（印度尼西亚）	高崚/黄穗（中国）	张军/高崚（中国）
2003年第十三届/英国伯明翰	夏煊泽（中国）	张宁（中国）	帕斯克/拉斯姆森（丹麦）	高崚/黄穗（中国）	金东文/罗景民（韩国）
2005年第十四届/美国阿纳海姆	陶菲克（印度尼西亚）	谢杏芳（中国）	吴俊明/白国豪（美国）	杨维/张洁雯（中国）	维迪安托/纳西尔（印度尼西亚）
2006年第十五届/西班牙马德里	林丹（中国）	谢杏芳（中国）	蔡赟/傅海峰（中国）	高崚/黄穗（中国）	罗布森/埃姆斯（英国）
2007年第十六届/马来西亚吉隆坡	林丹（中国）	朱琳（中国）	马基斯/亨德拉·塞蒂亚万（印度尼西亚）	杨维/张洁雯（中国）	维迪安托/纳西尔（印度尼西亚）
2009年第十七届/印度海德拉巴	林丹（中国）	卢兰（中国）	蔡赟/傅海峰（中国）	张亚雯/赵婷婷（中国）	雷伯恩/莱特（丹麦）
2010年第十八届/法国巴黎	陈金（中国）	王琳（中国）	蔡赟/傅海峰（中国）	于洋/杜婧（中国）	马晋/郑波（中国）
2011年第十九届/英国伦敦	林丹（中国）	王仪涵（中国）	蔡赟/傅海峰（中国）	于洋/王晓理（中国）	张楠/赵芸蕾（中国）
2013年第二十届/中国广州	林丹（中国）	拉特查诺·因达农（泰国）	穆罕默德·阿赫桑/亨德拉·塞蒂亚万（印度尼西亚）	于洋/王晓理（中国）	艾哈迈德/纳西尔（印度尼西亚）
2014年第二十一届/丹麦哥本哈根	谌龙（中国）	马林（西班牙）	高成炫/申白喆（韩国）	田卿/赵芸蕾（中国）	张楠/赵芸蕾（中国）

续表

历届世锦赛（时间）城市	男单	女单	男双	女双	混双
2015年第二十二届/印度尼西亚雅加达	谌龙（中国）	马林（西班牙）	穆罕默德·阿赫桑/亨德拉·塞蒂亚万（印度尼西亚）	田卿/赵芸蕾（中国）	张楠/赵芸蕾（中国）
2017年第二十三届/英国格拉斯哥	安赛龙（丹麦）	奥原希望（日本）	张楠/刘成（中国）	陈清晨/贾一凡（中国）	阿玛德/纳西尔（印度尼西亚）

四、羽毛球运动的特点

（一）适合多样化人群

羽毛球运动游戏性较强，运动量可大可小，球速可慢可快，可根据个人年龄、体质状况，通过运动水平掌控，男女老幼皆宜。羽毛球运动具有广泛的适应性，身强力壮的年轻人可以将球打得又刁又重，拼尽全力扑救任何来球，尽情散发自己的青春气息；年老的练习者可以把球轻轻地击来打去，根据自己的要求来变换击球节奏，既活动了身体，又愉悦了心情。因此，不同年龄、不同性别以及不同体质的人都能在羽毛球运动中找到乐趣。

羽毛球运动既可单兵作战（两人对练），又可集体会战（双打练习或三对三练习）。两人对练时，练习者可以随心所欲地打出任何弧线、任何远度、任何力量、任何落点的球来；集体会战则可以使练习者养成协调配合的习惯，培养集体主义精神。

（二）一种全身运动项目

无论是进行有规则的羽毛球比赛还是作为一般性的健身活动，都要在场地上不停地进行脚步移动、跳跃、转体、挥拍，合理地运用各种击球技术和步法将球在场上往返对击，从而增大上肢、下肢和腰部肌肉的力量，加快练习者全身血液循环，增强练习者心血管系统和呼吸系统的功能。据统计，大强度羽毛球练习者的心率可达到每分钟160～180次，中强度羽毛球练习者的心率可达到每分钟140～150次，低强度羽毛球练习者的心率也可达到每分钟100～130次。长期进行羽毛球锻炼，可使心跳强而有力，肺活量加大，耐久力提高。此外，羽毛球运动要求练习者在短时间内对瞬息万变的球路做出判断，果断地进行反击，因此，通过进行羽毛球锻炼，可以提高人体神经系统的敏感度和协调性。

（三）不受场地限制

羽毛球活动对设备的基本要求比较简单，只需两个球拍、一个球和一条绳索（有条件者可准备球网)即可。正规比赛场地面积仅 65~80 平方米,平时进行羽毛球活动,有平整的空地就行。在风不大的情况下,可以在户外进行活动。只要把球网架起来,在一定长度和宽度的空地上画上几条线,双方就可以对练。因此它不仅可以在正规的室内运动场进行,也可以在公园、生活小区等处广泛地开展。

当它作为户外运动时,还可使锻炼者吸入新鲜空气,受到阳光照射,改善人体的血液循环和新陈代谢,同时让锻炼者感受大自然的美丽。

(四)可调节运动量

羽毛球运动适合于男女老幼,运动量可根据个人年龄、体质、运动水平和场地环境而定。青少年可将进行羽毛球锻炼作为促进生长发育、提高身体机能的有效手段,运动量宜适中,活动时间以 40~50 分钟为宜。适量进行羽毛球运动能促进青少年长高,能培养青少年自信、勇敢、果断等优良的心理素质。老年人和体弱者可将进行羽毛球锻炼作为保健康复的方法,运动量宜较小,活动时间以 20~30 分钟为宜,达到出出汗、弯弯腰、舒展关节的目的,从而增强心血管和神经系统的功能,有助于预防和治疗心血管和神经系统方面的疾病。可将进行羽毛球锻炼作为儿童活动性游戏的方法,让他们在阳光下奔跑和跳跃,并要求他们能击到球,培养他们不畏困难、不怕吃苦、不甘落后的品质。

(五)观赏性强

在羽毛球比赛中,攻转防的转换频率较高,运动员动作舒展,技术细腻,节奏感强,打法千变万化。比赛场面激烈,运动员情绪高昂,有着球不落地不放弃的精神,使得该项运动充满乐趣和观赏性。

(六)娱乐性强

作为一种娱乐活动,可进行多人对打,最多人数可达到 6 人(3 对 3)。在对击过程中,通过不停地奔跑和击球的变化,每当击球者打出一个质量高的球或赢得一个球时,都会使人兴奋不已。

第二节 羽毛球运动场地与器材

一、羽毛球运动场地要求

场地及净空高度——羽毛球场地呈长方形,长 13.4 米,场地线宽 40 毫米,分别用黄色、白色或其他容易辨别的颜色区分,场地分为单打场地和双打场地,单打场地宽5.18米,双打场地宽6.10米。奥运会羽毛球场地净空高度必须在12米以上。必须在有弹性的木地板上面的塑胶场地上进行比赛。

灯光——场地灯光需来自场地边线1米以外、12米以上的高度,亮度至少平均为1200勒克斯(lx)。

墙壁颜色——场地四周墙壁的颜色必须是深色的。

场地风力的控制——场地风力不大于0.2米/秒。比赛时,场地应尽量无风。

场地布局——在一个馆内同时有两块或两块以上场地进行比赛时,场地需平行安置,端线朝向主席台,并编号。

球网——球网的材料为拉伸性较小的尼龙绳。网孔为边长15~20毫米的正方形且均匀分布。球网的上沿由75毫米宽的白布带对折覆盖。球网的两端与网柱之间没有空隙。

网柱——不论是单打还是双打,网柱都应放置在双打场地的边线上。本场区前有前发球线,此线中点与端线中点连成一条中线,场地分为左半区和右半区(此区域主要起发球和接发球的作用)。

二、羽毛球运动器材

(一) 球与球拍

最初的羽毛球是由天然羽毛制成的,随着时代的变化与发展,现在的羽毛球也可由天然材料和人造材料混合制成。球应由16根羽毛插在球托上,羽毛顶端围成圆形,直径为58~68毫米;球托底部为球形,直径为25~28毫米;球重4.74~5.50克。

羽毛球拍一般由拍头、拍杆、拍柄及连接喉组成。一支球拍的长度不超过68厘米,随着科学技术的发展,球拍向着越来越轻、拍框越来越硬、拍杆弹性越来越好、空气阻力越来越小的方向发展。

球拍甜区特指球拍面的最佳击球区,球拍的甜区大多数都在横线的第四根线附近。当击球点在甜区时能提供足够的击球威力、控球性、震动感很小。如果拍头增大,甜区就会变大,更容易掌控,但是拍头增大会带来扭力和重量方面的负面影响。

在每一支球拍上都应该标出它的重量,一般通用的标法为1U、2U、3U、4U。一般全碳羽毛球拍的重量大多为2U(90~94克)、3U(85~89克)、4U(80~84克),而铝框羽毛球拍的重量一般在1U(95~99克)以上,也有少数全碳羽毛球拍的重量低至80克。

如果球拍的平衡点更靠近拍头,就叫"头重";如果球拍的平衡点更靠近拍柄,就叫"头轻"。一般平衡点是从球拍底部向上,以厘米和英寸为单位计量。随着技术的进步,通过对生产过程的精确控制,可以使同一型号成品球拍拥有相同的平衡点,这也是对优质羽毛球拍的基本要求。

（二）裁判员椅

座高1.55米。在左右扶手间设一块裁判员放置计分板的垫板。

（三）发球裁判员椅

为有靠背椅，它的高度需满足当发球裁判员坐下时，发球裁判员眼睛的视平线与发球员的腰部基本持平。

（四）司线裁判员椅

要求同发球裁判员椅。

（五）衣物筐

为比赛的运动员放置备用球拍、毛巾、运动衣以及饮用水等。单打比赛时，于裁判员椅的两侧各放置一个衣物筐，双打比赛时放置两个。

（六）放球箱

位于发球裁判员椅旁，放置比赛时备用的新球和用过的旧球。

（七）干拖把

每个场地备有两个吸水性能良好的干拖把，每边一个。

（八）量网尺

宽4厘米、长160厘米的木制或铝制的直尺，在1.524米和1.55米处有标记。

（九）计分板

为裁判员临场裁判时，垫计分表用。计分板的尺寸要略大于A4纸，材质为硬质的有机玻璃或塑料。

三、羽毛球运动的其他用品

（一）羽毛球服

羽毛球服是指专用于羽毛球运动的服装。从事羽毛球运动时不要选择纯棉的球服，因为纯棉的球服虽有一定的吸汗功能，但并不容易蒸发，随着汗水的吸收，自重会加大,最后贴在身上,使球员感觉不适。因此,透气排汗是选择羽毛球服时重点要考虑的。同时,选择羽毛球裤时需要选择弹性佳的,因为羽毛球运动经常需要球员蹬跨式移动,一条弹性佳的羽毛球裤可以使动作更加舒展且不必担心会对服装有任何破坏。

(二)羽毛球鞋

羽毛球鞋是进行羽毛球运动的专用鞋。羽毛球鞋的鞋底不仅具有防滑性,还具有减震、缓冲性能,并具有耐磨性。

好的羽毛球鞋可以使运动员健步如飞,选择时注意鞋底最好是牛筋底,这样韧性会比较好,适合在室内运动。如果在室外,可选择高级的橡胶合成鞋底,效果也不错。羽毛球鞋的鞋底大多由生胶或人工橡胶合成。

生胶的鞋底抓地力强,适合于木板地,因此排球鞋可当羽排球两用鞋。但不同品牌的鞋底又会因制作过程时,生胶掺杂的比例不同而硬度不同。生胶掺杂过多会使鞋底较硬,并且没打多久鞋底就会非常滑,所以在购买时须谨慎,以免花冤枉钱。

人工橡胶的鞋底分为硬底和软底两种,硬底的如网球鞋,适合水泥地或磨石子地,软底的则被设计用于PU场地。羽毛球场地分为水泥地、木板地和PU场地。在水泥地上一旦有摔跌等情形发生,情况往往比木板地和PU场地严重,所以水泥地不适合当作比赛场地。木板地和PU场地则各有千秋,木板地比较容易因比赛时选手所流下的汗而变得比较湿滑,而PU场地虽与木板地同样具有弹性,但PU场地具有吸震能力,因此国际比赛都采用PU场地做比赛场地。

不论穿着的鞋子如何,最重要的是要有这个观念:在室内打球的鞋子最好在上场时才穿,一来可以避免鞋子被弄脏,二来可避免鞋底沾满灰尘而变滑,如此便能延长鞋子的使用寿命。

最后要注意的是,羽毛球鞋穿上时要合脚,不能太大也不能太小,这样一来,可有助于练习者在运动中的发挥,二来可以减少受伤的机会。

高档的羽毛球鞋多采用复合生胶材料,前后脚掌接触地面的部分采用生胶,以增强鞋子的抓地性能。

(三)羽毛球拍的穿线机

羽毛球拍的穿线机20世纪中期才出现。在此之前,人们只能通过双手和简单的工具将球线穿紧在羽毛球拍上。而后,美国人发明了第一台穿线机,即重锤穿线机,这种机器结构简单,磅数也准确,但效率不高。直到一位美国飞行员发明了手摇式穿线机,才大大提高了穿线速度。到了20世纪80年代,出现了最早的电动穿线机,最终演变成了如今的电脑穿线机。

作为第一代真正意义上的"穿线机",重锤穿线机可谓是穿线机中的元老级角色。重锤穿线机的拉力系统应用了杠杆原理,通过调节杆上的重锤来调节磅数。这样的拉力系统磅数虽然精确，但是要求每一次穿线都要使重锤水平放置，否则将会产生一定的误差，这使得重锤穿线机的穿线速度始终受限，如今仅在穿线量较小的地方使用。重锤穿线机如下：

由于重锤穿线机的效率不高，手摇式穿线机出现后迅速占领市场。手摇式穿线机采用弹簧拉力系统，通过弹簧的形变量来衡量拉力值，到达拉力值后即锁定机头，这样的设计大大加快了穿线的速度，而且手摇式穿线机的价格并不会比重锤穿线机高多少，因而目前很多地方仍然在使用这种手摇式穿线机。手摇式穿线机虽然加快了穿线的速度，这个锁定式的机头却使得穿线后掉磅明显较多，而且由弹簧来衡量的穿线磅数也会由于弹簧的弹性疲劳而受影响。手摇式穿线机如下：

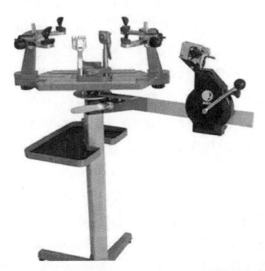

很多人衡量一家羽毛球用品店是否专业的标准之一就是其是否配备着一台看起来"高、大、上"的电脑穿线机。之所以称之为电脑穿线机，是由于其拉力系统是由一块电子芯片控制的，这使得电脑穿线机有许多十分人性化的功能，诸如"自动转盘锁""自动预拉"等，这些功能都能够提高穿线的效率，加之其架拍系统通常也采用同步架拍，因而电

脑穿线机在穿线的速度和质量上都有着十分出色的表现。电脑穿线机如下：

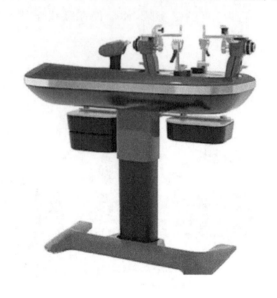

第三节 羽毛球观赛礼仪

尊重对手,尊重裁判,女士优先,用语文明,讲究举止等等,都是羽毛球文化所倡导的。羽毛球比赛是对声、光、色彩乃至室内空气条件要求较严格的球类项目之一,任何一方面不理想都会对比赛和运动员产生负面影响。这就要求在观看羽毛球比赛的过程中,要相对保持安静,不要随意发出响声,场地背景要相对较暗等。因此,在羽毛球赛场中对观赛者应该有一套行之有效的普遍的约束机制,以保证羽毛球比赛的正常进行。羽毛球观赛礼仪就是其中一种重要的约束规范。其主要内容如下：

(1) 观赛者应在赛前5分钟入座,观看比赛时不应吸烟。若有贵宾观看比赛,应礼貌地鼓掌以表示欢迎。

(2) 奏获奖队国歌时,观赛者应肃立,不应谈笑或做其他事情。

(3) 比赛中,观赛者尽量不要从座位上站起来,更不要随意在看台上来回走动。

(4) 比赛中,观赛者应适时为双方运动员加油。对精彩的表演可当场报以热烈的掌声和喝彩。不应喝倒彩或者起哄。

(5) 观赛者要遵守赛场规定。

(6) 观赛者不应提前退场。

(7) 比赛结束时,观赛者应热烈鼓掌。

(8) 观赛者的服饰应得体大方。

观赛禁忌：

(1) 观赛者不得使用粗鲁的、不文明的、带有敌意的、攻击性的或侮辱性的语言刺激球员。

(2) 观赛者在观看比赛时不得燃放烟火，不得向场内抛掷物品。

(3) 观赛者不得破坏公物，不得做不文明的手势。

(4) 若观赛者在观看比赛时拍照，不得使用闪光灯。

(5) 观赛者在观看比赛时，不允许吸烟。

(6) 观赛时应将手机关机或调为振动、静音状态。

(7) 观赛者不得将锣鼓等乐器带入比赛场地内。

第二章 羽毛球运动的健身价值

当今社会生存和竞争压力大,人们常常处于一种亚健康的生活状态。在这种现实下,人们越来越重视体育运动的健身价值,而羽毛球运动以其自身的独特优势在大众中广被接纳和深受好评。

羽毛球运动的优势主要有三点:一是羽毛球运动开展起来比较方便,一块平整的场地、一副球拍和几个羽毛球就可以开始比赛。二是具有独特的娱乐功效。一旦开始学习,就很容易上手并产生浓厚的兴趣。羽毛球运动不是一项动作单一的运动,它包含着多种肢体行为,如跳跃、握拍、挥拍、扣杀等等。而且羽毛球运动本身就是一种竞技运动,能够引发人的胜负欲,无形中增加了趣味性。最后一点是在羽毛球运动过程中人们可以根据自己的实际情况来决定运动量,无论运动量是多是少,都能起到一定的锻炼作用。而且参与羽毛球运动的要求比较宽松,大多数的人都能够接受,这就使得羽毛球运动成为一项具有广泛群众基础的运动。

第一节 羽毛球运动的健身价值

一、锻炼身体,增强体质

无论是一般性的训练还是专业性的比赛,羽毛球运动都在一定程度上锻炼了人的身体。打羽毛球并不像想象中那样轻松,真正运动开来还是很耗费体力的,因为在打羽毛球时需要不断地跑动、转身、挥拍、跳跃,这就调动了全身的器官,集中了所有力量,促进了血液流通和循环,增强了心肺功能。

二、提高精气神,磨炼意志

羽毛球比赛采用的是21分制,即双方先得21分者胜,3局2胜。这样的规则使得羽毛球运动在进行过程中耗时长，耗费的体力也较多。但是比赛是残酷的，这就要求选手要有不放弃的惊人意志，无论被逼到何种山穷水尽的地步，也不轻言投降，这就是羽毛球运动的信念。

三、提升智力和逻辑思维能力

在羽毛球比赛中，我们经常会看见教练指导选手采用不同的战术和策略。在场上，运动员也要时刻掌握比赛动向，揣摩对手的想法，对每一击回球都要清晰地知道落点和及时预判对手的回球路线，这样才能做到临场不慌、处变不惊。但是，运动场上是变幻莫测的，每一刻都不能预想下一秒会发生什么。在这样的环境下，对于选手来说是对智力和思维的重大考验。在打球过程中，需要我们把握各种机会，选取最为合适的战术和策略，无形中进一步开发了智力。在面对高速的回球时，我们要做好充分的击球准备和具备敏锐的预知判断力，这就锻炼了我们的逻辑思维能力。

四、沟通交流和增进情感

羽毛球运动是一项具有对抗性质的运动项目，它至少需要两人参与。在世界比赛中，有男、女单打和双打以及混双。这些都表明无论是比赛还是训练，无论是职业运动员还是普通人，在羽毛球运动过程中都需要交流和沟通。这就要求双方不仅要考虑到自己的技术水平和发挥主观能动性，还要注重和搭档的配合与协调，明确各自的受区等等。只有双方进行了有效彻底的沟通之后，才能打好一场比赛。

五、放松心情，享受生活

羽毛球运动是一项兼具娱乐性、观赏性和竞技性的运动。在观看时观众很容易移情到激烈的比赛中，当所支持一方得分时会激动鼓掌并呐喊，当失误丢分时又会捶胸顿足。观众在心理和精神上也得到了满足。若比赛进行得跌宕起伏，那么观众的心也随着球拍忽上忽下，对于那些拥有高超技术的选手来说，一个假动作，一次大力扣杀都会让观众屏住呼吸和奋力鼓掌。运动员在实现自我价值时，也让观众们欣赏到了一场非常精彩和有强烈美感的比赛。

六、树立终身运动的思想，实现人的素质发展

羽毛球运动因其自身独特性和开展起来的便利性在我国普遍发展，受众广泛。大众会自觉接受、主动练习、积极热情地参与该项活动并长期坚持下去。在打球过程中，运

动员的运动能力、身体素质、体育思想都得到了很好的发展。不仅大学里开设了羽毛球课程,而且小学、初中和高中也陆续开设了羽毛球课程。家庭中也常通过打羽毛球来增进家庭成员之间的关系。因此这项运动能够有助于人们实现健康发展的目标,树立终身运动的思想。

第二节 对不同人群的健身价值

羽毛球运动对不同人群的健身价值不同。

一、对于青少年的健身价值

青少年时期是进入发展社会化的重要阶段,是适应社会发展要求并从一个生物人发展成为一个社会人的阶段。对于个人来说,成功地发展社会化能够使个体快速融入社会集体中,争取符合自身价值的社会地位和构建幸福、美满的家庭。从整个宏观社会的角度出发,青少年发展社会化的完成有助于社会的和谐和稳定。通过进行羽毛球运动就能使人很好地达到发展社会化的效果。羽毛球运动过程中需要同搭档、教练、对手进行沟通和交流,这就提高了参与者人际交往的能力。

二、对于成年人的健身价值

如今社会压力无处不在,而作为社会主体的成年人更是被各种压力包围着。工作的激烈竞争、家庭的沉重负担、自然环境的恶化等等都无形影响着我们的生活。压力具有暗示性和长期性,是一个逐渐积累的过程,如果不将其有效彻底地排解,久积于身就会造成疾病。打羽毛球就能很好地起到消除压力的作用。朋友之间带上几副球拍和球就能在场上切磋,在运动中释放压力。同时在打球过程中能有效地改善人的机能和健康状态,从而提高人的工作效率,使人能够保持积极的生活和工作态度。

三、对于老年人的健身价值

进入老年阶段,人的身体机能逐渐弱化,并容易感到孤独。这时通过打羽毛球不仅能锻炼身体,提高肢体的协调性和改善心肺功能,而且心理上也会得到满足。在运动中与人交流能够缓解老年人的孤独感,同时比赛中的胜利又能有效排解失落感。通过打羽毛球不仅增长了老年人的智慧、陶冶了情操、丰富了晚年生活而且能够培养积极地面对人生和乐观的生活态度。对于个体和老年人家庭来说,羽毛球运动都是一项具有重要现实意义的运动。

羽毛球运动是传统项目之一,具有受众普遍的特点。人们在不同的年龄阶段,不同的社会背景下都能积极开展羽毛球运动。在当今,社会问题丛生的环境下,打羽毛球具有锻炼身体、磨炼意志、增进情感等积极作用。

第三章 羽毛球运动的基本技术

第一节 握 拍

一、一般握拍法

（一）正手握拍法（以右手持拍为例）

首先用左手拿住拍杆，使拍面与地面成垂直状，再用右手手掌小鱼际部分靠在拍柄底托，虎口对着拍柄窄面内侧的小棱边，拇指与食指贴在拍柄两面的宽面上，中指、无名指和小指自然并拢握住拍柄，食指与中指稍微分开，掌心不要贴紧拍柄，要留有空隙。

（二）反手握拍法

反手握拍法有如下两种形式。

第一，在正手握拍的基础上，将球拍稍微外旋，拇指上提，食指收拢，拇指压住拍柄的宽面，食指、中指、无名指和小指并拢。

第二，在正手握拍的基础上，将球拍稍微外旋，拇指上提，食指收拢，拇指压住拍柄的内侧小棱边，食指、中指、无名指和小指并拢。

二、特殊握拍法（西方握拍法）

在特殊情况下，如网前的封网技术、搓球、勾球、扑球、拨球、接杀勾球及被动放网时可采用特殊握拍法。手指及掌心的空隙等有细微的改变，以使击球更富有灵活性、一致性和威胁性。

三、握拍易犯的错误

握拍易犯的错误如下。
（1）握拍手的虎口没有对着拍柄窄面内侧的小棱边。
（2）握拍时手指靠得太紧，像是握拳头。
（3）掌心与拍柄之间完全没有空隙。
（4）食指伸直按在拍柄上。
（5）握得太紧，以致手腕僵硬，不利于发力。
（6）握的位置太靠上，柄端露出太长，影响杀球动作。
（7）用同一种握拍法去处理各种球，不利于提高击球的灵活性和出球的威胁性。

四、握拍的灵活性

随着羽毛球运动技术的不断发展和提高，根据对方来球的不同情况、战术的要求和控制落点的需要，握拍的方式又会随时有些细微的改变：如正手网前搓球、反手网前搓球、正手接杀勾对角网前球、反手接杀勾对角网前球、正手网前被动放网、反手网前被动放网。

第二节 发 球

一、正手发高远球

（一）正手发高远球的动作要领

（1）发球站位：站在靠中线距离前发球线1米之内，有时也可站在靠近前发球线处，发球后再退至中心位置。

（2）发球准备姿势：左脚在前，脚尖朝向球网；右脚在后，脚尖朝向右斜前方。两脚之间距离约与肩同宽，自然放松站立，身体稍侧向球网。右手正手握拍，自然屈肘举于身体右侧；左手以拇指、食指和中指轻持球，举在胸前，两眼注视对手的站位、姿势、表情。

（3）发球引拍动作：身体稍转向右后方，形成左肩向球网，身体重心转移至右脚；右臂向右后上方摆起，完成引拍动作。

（4）发球挥拍击球动作：完成引拍动作之后，紧接着身体重心随着上体由侧面转向正面而前移至左脚，右脚跟提起，上体微前倾，右前臂向侧下方挥动至上体由侧面转向正面时，左手开始放球。此时，腕部动作尽量伸展，做最后的击球动作，右前臂完成向侧下方挥动后，紧接着往上方挥动。此时前臂内旋，使腕部动作由伸展至微屈；击球瞬间，手指紧握球拍，完成闪腕动作，球拍击到球时用正拍面，完成挥拍击球动作。

（5）随前动作：完成击球动作之后，右前臂继续内旋，并随着挥拍的惯性，自然向左肩上方挥动，然后回收至胸前，并将握拍调整成正手握拍形式。

（二）正手发高远球易犯的错误

（1）握拍易犯错误：握得太紧，无法产生爆发力，故达不到发高远球的目的。

(2)站位易犯错误:两脚平站,身体正面对网,两眼盯着球。

(3)引拍易犯错误:由于站位错误,造成引拍时身体无法稍向右转,身体重心也无法转移,右臂不是向右后上方摆起,而是向后方摆,无法形成较好的发力机制。

(4)挥拍击球易犯错误:肘关节伸得太直,腕部动作未伸展,挥拍时动作僵硬,挥拍与放球时间不协调,击球点离身体太近或太远、太左或太右,导致击球时不是正拍面击中球,而是切面击球,击球点超过腰部,击中球的瞬间无法产生较大的爆发力。

(5)随前动作易犯错误:发球后很快进行动作制动,没有随惯性挥向左肩上方,而是挥向右肩上方,回收动作后未及时进行握拍调整。

二、正手发平高球

(一)正手发平高球的动作要领

发球站位、准备姿势、引拍动作、挥拍击球动作与正手发高远球动作基本一致,只是在击球一瞬间不是产生最大的向前上方挥动的爆发力,而是产生有控制的发力。随前动作也不必向左肩上方挥动,可以在击到球之后便制动,随前动作不必那么高,在胸前即可。

(二)正手发平高球易犯的错误

正手发平高球易犯的错误与正手发高远

球易犯的错误相同。另外，在随前动作中才制动也是易犯的错误，应该在击球后便制动。

三、正手发平射球

（一）正手发平射球的动作要领

发球站位可比正手发高远球和正手发平高球稍靠后一些，这样可使发出球的弧度较平。其他准备姿势、引拍动作、挥拍击球动作与正手发高远球基本一致，只是在挥拍至击球一瞬间前臂内旋动作不明显，挥拍路线不是向上方而是向前方，腕部动作也由伸展至微屈，但方向不是向上微屈，而是向左侧前方微屈的快而小的闪腕动作。

（二）正手发平射球易犯的错误

正手发平射球易犯的错误与正手发高远球、正手发平高球类似，不同的是爆发力不易控制，易造成发球出界；路线离接发者太近，易被对手攻击。此外，还应特别注意出现"过手"与"过腰"的违例动作。

四、正手发网前球

（一）正手发网前球动作要领

发球站位比正手发高远球更靠近前发球线。发网前球与发高远球基本一致，但引拍时不必过多地向右转，挥拍时前臂挥动的弧度小一些，腕部伸展也小一些。因为是发网前球，球飞行距离最短，故在击球一瞬间不必用大的爆发力，而是做有控制的发力即可，球拍接触球时可从右向左斜面切削击球，控制好球飞行过网的弧度及落点，随前动作不必向左肩上方挥动，可以在击到球后做制动，在胸前回收即可。

（二）正手发网前球易犯的错误

（1）握拍太紧，以致不能控制发力及缓冲，难以把球发得擦网而过。

（2）站位错误。除了与发高远球类似外，站位太往后也不利于发好网前球。

（3）挥拍击球时不是从右向左斜面切削击球，而是像发高远球一样击中球托，向上挥拍击球，这样击球不易控制飞行弧度，球过网后往往还向上飞行。

（4）击球点超过腰部的违例动作，及拍框上沿部分超过腕部的过手违例动作，均属于必须纠正的范围。

五、反手发网前球

（一）反手发网前就球的动作要领

（1）发球站位：站在靠中线，距前发球线较近的位置上。

（2）发球准备姿势：面向球网，右脚在前，左脚在后并提起脚跟，重心放在右脚，上体稍微前倾。右手反手握拍，左手拇指和食指捏住羽毛，球托向下，斜放在拍面前面。为了更好地控制发球时的力量，握拍时可握在拍柄的前端，肘关节抬起，手腕前屈。

（3）挥拍击球动作：挥拍击球时，球拍稍微向后摆，并不停顿地接着向前挥动。前臂向斜上方推送，同时，带动手腕由屈到微伸而向前摆动，并利用拇指的顶力，轻轻地"切"击球托的侧后部。

（4）随前动作：击球后，前臂上摆至一定高度即停止。

（二）反手发网前球易犯的错误

（1）站位太靠后，不易把球发好。
（2）有"过腰""过手"的违例动作。
（3）肩关节容易过高。

六、反手发平高球

（一）反手发平高球的动作要领

发球站位、发球准备姿势、挥拍击球动作及随前动作均与反手发网前球相同，只不过在击到球的一瞬间不是轻轻地"切"击球托的侧后部，而是手腕由屈突然变直，向前上方挥动，让球突然飞越接发球员，飞向后发球线。

（二）反手发平高球易犯的错误

（1）站位太靠后。
（2）发力时拿球手向上提拉，造成"过腰""过手"的违例动作。
（3）发力时挥大臂。

第三节 接 发 球

一、接发球的准备姿势

（一）单打接发球的准备姿势

左脚在前，右脚在后，侧身对网，重心放在前脚，膝关节微屈，后脚跟稍提起，收腹含胸，注视对方发球的动作。

（二）双打接发球的准备姿势

双打接发球的准备姿势与单打基本相同，膝关节屈的程度更大一些，以便能直接进行后蹬起跳。

也有个别人接发球的准备姿势是右脚在前,左脚在后。

二、接发球的站位

(一) 单打接发球的站位

单打接发球站在离前发球线约 1.5 米处,在右半区时应站在靠近中线的位置,以防发球方以平射球攻击头顶区域;在左半区时则站在中线与边线的中间。

(二) 双打接发球的站位

(1) 一般站位法:站在离中线和前发球线适当的距离处。在右半区时,注意不要把右半区的后场靠中线区暴露出来;在左半区时,注意保护头顶区。这种站位,女队员和一般不是抢攻打法的男队员采用较多。

(2) 抢攻站位法:站得离前发球线很近,前脚紧靠前发球线,且身体倾斜度较大,球拍高举。这种站位法,进攻型打法的男队员采用较多。

(3) 稳妥站位法:站在离前发球线有一定距离处,身体类似单打站位法。这种站位法是在无法适应对方发球的情况下采用的过渡站位法,一般业余选手双打时多采用。

(4) 特殊站位法:这种站位法是右脚在前,站位和一般站位法类似,接网前球时右脚蹬一步上网接球。

第四节　后场技术

羽毛球运动中,将场地后半场的击球技术统称为后场技术,其主要技术动作是:高远球、吊球和扣杀球。

高远球又可以分为正手击高远球和反手击高远球。

吊球根据动作方法、球的飞行弧线的不同可分为劈吊、拦截吊、轻吊(其中每项都包括正手吊球、头顶吊球、反手吊球等方法)。

根据击球点距身体的位置不同,扣杀球可分为正手扣杀球、头顶扣杀球和反手扣杀球;根据击球力量的不同,扣杀球可分为大力杀球、轻杀球、劈杀球、点杀球等。

一、正手击高远球

在羽毛球的所有击球技术中,正手击高远球是最基础也最重要的。高远球的飞行弧线较高,到达对方底线的时间较长,不易被对方拦截,因而它能够迫使对方远离场地中心位置退到底线附近击球,从而削弱对方的攻击力,拉开场上的移动距离。本方处于防守或被动状态时,也可以利用高远球来争取回动时间,扭转被动局面。

羽毛球竞赛双方的对抗,最初就是基于后场的对抗,先有后场对抗才有网前对抗。从这个意义上说,正手击高远球技术是一个分水岭,通过它几乎可以准确地判断选手的羽毛球竞技能力。此外,后场高远球技术是后场吊球、杀球动作的模型,后场技术"动作一致性"就是基于此项技术。练好正手击高远球,也是为以后练习其他技术打下坚实的基础。

(一)正手击高远球的动作要领

(1)准备动作:以右手持拍为例。左脚在前,右脚在后,两脚与肩同宽,身体侧向球网,重心在后脚上,左手自然上举,眼睛注视来球方向。正手握球拍,屈臂举于右侧,拍头位于额头前上方。

(2)引拍动作:持拍手上臂随着身体向左转体,稍做回环上举,身体充分伸展。肘关节向上,拍头下垂,做"挠背"动作。

(3)击球动作:持拍手上臂上举,前臂急速内旋,同时顺着原来的回环动作继续向前上方挥动,手腕向屈收方向继续做回环动作,手指屈指发力握紧球拍,以正拍面击球托的后下部。击球瞬间,持拍手臂自然伸直。击球点在右肩上方,左手协调屈臂降至体侧

协助转体。手臂的配合顺序为：左手先下拉收臂，然后挥拍击球。

（4）随挥动作：身体随惯性向左侧转体，右脚随身体重心前移并向前跨步。右手向左下方挥拍至身体左侧腋下，球拍减速后顺势收回至体前，还原成松握球拍。

（5）下肢跳转动作：右脚起跳随即在空中转体并完成引拍、击球动作。击球动作在空中最高点完成，落地瞬间左前脚掌内侧着地，膝关节自然伸直以便能用力蹬地，使身体重心前倾，而后脚落地。

对于初学者来说，高远球总是打不远的现象普遍存在。原因有很多，其中打不准球、击球时球拍面不正、击球点低、动作幅度小等都会影响击球的最终效果。

（二）正手击高远球易犯的错误

（1）打不准球。

对于初学者来说，由于注意力需要分散在判断来球、规范技术动作、选择击球点等几个方面，往往容易顾此失彼，导致击球时机掌握不好，以至于打不准球。打不准球还与挥拍太快有关，越是急于挥拍击球，就越是打不准。这就要求大家在练习时一定要遵循"由慢到快、由简单到复杂"的规律。

比较常用的训练方法是无球挥拍练习，先将动作固定，再进行有球练习。这往往需要一定的时间，练起来相对枯燥。为提高练习质量和效率，可以采用多球训练的方法，开始先简单地击打手抛球，逐步增加抛球的距离和高度，最后用球拍喂高远球。

（2）握拍问题。

由于握拍采用的是正手击球的握拍方式，在反复练习正手击高远球的过程中，如果不注意规范握拍动作，就很容易演变成"苍蝇拍式"的握法。对于这种问题，练习者必须明确击球动作中的"前臂内旋"这一细节。练习时，可以采用手掌代替球拍面挥拍，从中体会随着前臂的内旋，球拍面逐渐转为正拍面击球这一过程的细节。击球练习时，可以在每次完成正手击高远球后，试着做一次反手挑球的挥拍动作，如果挑球动作发力流畅，则表明握拍比较合理。

（3）击球点不够高。

要解决击球点不够高的问题，首先必须要弄清楚为什么一定要在高点击球。很多人有一个误区，认为球飞得远是因为受力大。其实，在击球后，飞行中的羽毛球仅受到空气阻力和重力，已经没有动力可言了，影响球飞行远近的直接因素是球拍击球时球获得的初速度。因此，使球拍面在速度最快时击到球，是掌握击球时机的重要环节。在整个挥拍动作中，持拍手臂加上球拍做的是类似于以肩为圆心的圆周运动，球拍面击球时的线速度与半径有关，摆动半径越大，球拍末端的速度越大。因此，击球时尽量提高击球点，可以使球获得较大的初速度。在整个挥拍过程中，球拍面的角度是一直变化的，在最高点时，球拍面是向前的，此时击球，可使球向前飞行的速度最大。击球过早，容易打不到球；击球过晚，会导致在击球时球拍面上仰，出球角度过大，球的飞行轨迹"见高不见远"。

其次，很多练习者还存在一定的心理影响因素。很多人担心自己打不到球，为了保险起见，直到球落到自己认为相对安全的区域才挥拍击球，但此时，往往已经错过了最佳击球时机。练习中要尽量克服这种心理，不能使动作迁就于为了打到球。况且，在练习中为了规范动作，打不到球也不是什么难堪的事。最初练习时，可以尝试击打悬挂的球，以球拍面中心刚刚与悬挂的球等高为准。体会向上耸肩送臂的击打动作，体会跳起来摘果子的感觉。

（4）转体不充分。

初学者在引拍环节往往侧身转体不够充分,间接导致击球时球拍面不正,形成切击。由于握拍的关系,球拍面与正前方向有天然的夹角,挥拍时尽量将前臂内旋。挥拍过程中转体,将头向另一侧转动有利于将肩提高,同时有利于做前臂内旋的动作。此外,尝试着调整侧身的角度和幅度,也可以间接调整击球时的拍面角度。

对于先天力量不足的人来说,通过充分转体,同时增大引拍幅度、加大挥拍距离,都可以提升球拍在击球时的速度。尝试进行跳转空中击球,也有助于将转体的力量发挥出来。在跳转击球时要注意跳转和击球的时机,通常应该先跳转后挥拍,在空中转体形成一定的滞空动作后再挥拍击球。起跳落地时,支撑腿尽量向后伸,控制住身体向后退的惯性,同时获得向前的反作用力。

(5) 击球动作僵硬。

主要原因是没有很好地体会上肢的"鞭打"动作。在练习击球前,多练习向前上方抛扔羽毛球,体会肩、肘、腕、手指依次波浪式向前加速的感觉。手指在球拍触球最后一刻的抓握也对球拍起到了加速的作用,因此球拍在手中不可握得太紧,以免影响最后的鞭打效果。平高球与高远球的技术动作基本相似,出球角度略平。在比赛相持状态时,建议使用平高球快速调动对方的站位,为自己创造有利的进攻机会。为了能在比赛中把这两种技术,尤其是平高球技术充分发挥出来,一定要更加精确地控制击球后的飞行弧度和落点。对于同样的击球技术,只有在移动中捕捉到最佳的击球时机,运用最佳的击球方法击球,才能产生最好的效果。只有当击球落点、路线、速度和节奏处于变化之中,使对方感到变幻莫测时,才能发挥出更大的进攻威力。

(6) 击球时步法不到位。

很多初学者在击球时,对球最终的落点判断不好,反应慢,眼看着球飞过来脚却不知道怎么移动,主要是由于对空间感掌握不好造成的。但可以通过一些训练手段来解决这个问题。其一,加强步法的移动练习,养成看到球就动脚的习惯。其二,辅助练习,根据自身的击球点,用线固定羽毛球的落点击打。其三,多球练习,起初可以一人用手扔球另一人接球,在熟练的情况下可适当增加难度,一人发球另一人接发球,发球方可适当地让对方小范围地跑动接球。从而可解决击球不到位的问题。

二、反手击高远球

通常在自己左后场区上空的来球,由于双方快节奏相持对拉,来不及用正手击球技术回球,以反手握拍法用反拍面击出的高远球,称为反手击高远球。

(1) 准备动作:右脚向左后场区跨出一步,重心在右脚上,膝关节微屈,左脚在后,背向球网,头上仰,眼盯球。以反手握拍,拍头微微抬起至左肩部。

(2) 引拍动作:上臂及肘关节上举与肩平,拍头向下引拍,手腕屈,同时身体转向左侧。

（3）击球动作：肘关节与上臂继续向前上挥动，击球点应在右肩上方，手腕由屈经前臂内旋至加速伸腕闪击，击球的刹那间握紧拍柄，拇指发力。

（4）随前动作：击球后手臂在空中有个制动，身体随惯性转动，面向球网，右手持拍自然下落，回至胸前。

看准对方的来球落向左后场区的时候,迅速把身体转向左后方,移动到适合的击球位置,背对球网,并用反手握拍法握拍,最后一步右脚跨向左后场区,球拍由身前举到左肩附近,以大臂带动前臂转动,击球时前臂由左肩上方往上绕半弧形,最后一刹那时手指紧握球拍,击球点应在右肩上方为好,以手腕往右后上方或者根据还击的需要掌握好球拍的角度进行击球,把球击向后上方。击球后转身,手臂回收至胸前。

三、击平高球

击平高球与击高远球一样,平高球也可以用正手、头顶或者用反手技术去击打。不论是用正手、头顶或者是反手击平高球,其击球前的准备动作与用正手、头顶或者是反手击高远球的准备动作相似,只是在击球的一刹那,手腕是向前使劲而不是向前上方使劲。

四、吊球

吊球是自后场打到对方前场向下坠落的球。吊球技术分为正手、反手和头顶三种,按球的飞行弧线和击球动作的不同分为劈吊、拦截吊和轻吊。劈吊击球前动作和打高球、杀球相似。击球时用力较轻,带有劈切动作,落点一般离网较远。拦截吊是把对方击来的平高球拦截回去,击球时球拍面正对来球,轻轻拦切或点击,使球以较平的弧线、较慢的速度越网垂直下坠。轻吊击球前动作和打高球相似,击球时球拍面正对来球,在触球的刹那,突然减速或轻切来球,使球刚一过网即下坠。

(一)正手吊球

正手吊球:击球准备和前期动作同正手高球。只是击球时球拍面稍向内倾斜,手腕做快速切削下压动作,击球托的后部和侧后部。吊斜线球时,则球拍切削球托右侧并向左下方发力;吊直线球时,则球拍面正对前方向下方切削。

(二)反手吊球

反手吊球:击球准备和前期动作同反手高球。不同点在于击球时球拍面的掌握和力量的运用。吊直线球时,用球拍反面切削球托的后中部,朝对方的右半场网前发力;吊斜线球时,用球拍反面切削球托的左侧,朝对方的左半场网前发力。

（三）头顶吊球

击球准备和前期动作同头顶高球。头顶吊斜线球时，中指、无名指和小指屈指外拉拍柄，使球拍内旋，球拍面前倾，以斜拍面击球托左侧部位；头顶吊直线球时，球拍击球托的正中部位。

五、扣杀球

扣杀球是把高球用力向前下方重击、重切或重点击球。这种球速度快、力量大。在比赛中，扣杀球可以直接得分，也可以使对方处于被动防守的地位。这一技术是羽毛球进攻中的主要技术之一。

根据击球点距身体的位置不同，扣杀球可分为正手扣杀球、头顶扣杀球和反手扣杀球；根据击球力量的不同，扣杀球可分为大力杀球、轻杀球、劈杀球、点杀球等。

（一）正手扣杀球

正手杀直线球（侧身起跳）：准备姿势和动作要领与正手击高球大体相同。屈膝下降重心，准备起跳。侧身起跳时，往右上方提肩带动上臂、前臂和球拍上举，以便向上伸展身体。起跳后，身体后仰呈反弓形。接着右上臂往右后上方摆起，前臂自然后摆，手腕后伸，前臂带动球拍由上往后下挥动，这时握拍要松。随后凌空转体收腹带动右上臂往右上方摆起，肘部领先，前臂全速往前上挥动，带动球拍高速前挥。当击球点在肩的前上方时，前臂内旋，手腕前屈微收，闪腕发力杀球。这时手指要突然抓紧拍柄，将手腕的爆发

力集中到击球点上。球拍面和击球方向水平面的夹角小于90°，球拍正面击球托的后部，使球直线下行。杀球后，前臂随惯性往体前收。在回位过程中将球拍回收至胸前。

正手杀对角线球（侧身起跳）：准备姿势和动作要领与正手杀直线球相同。不同点是起跳后身体向左前方转动用力，协助手臂向对角方向击球。

头顶杀直线和对角线球：准备姿势和动作要领与头顶击高球相同。不同点是挥拍击球时，要集中全力往直线方向或对角方向下压，球拍面和击球方向水平面的夹角小于90°。

（二）反手扣杀球

动作方法与反手击高球相同。不同之处是击球前的挥拍要用力，身体反弓加上手臂、手腕的延伸、外展，可向对方的直线或对角线的下方用力，击球瞬间球拍面与扣杀球方向的水平夹角小于90°。

（三）腾空突击扣杀球

腾空突击扣杀球，通常的说法是双脚起跳杀球，与头顶扣杀的区别在于，腾空杀球的进攻性更强，一般男选手运用较多。

击球前，右脚稍前，左脚稍后，身体稍前倾、屈膝，重心落在右脚上，准备起跳。起跳后，身体向右后方腾起，上身向右后仰呈反弓形，右臂向右上抬，肩尽量后拉。前臂快速举起，手腕从后伸至前臂内旋跟着屈收压腕，高速向前下击球。杀球后，用屈膝缓冲，右脚右侧着地，重心在右脚前；左脚在左侧前着地，迅速还原，手臂随惯性自然往体前收。

主要练习方法如下。

（1）按照技术的动作要领，持拍做好准备。进行引拍、挥拍、击球（还原）的基本功练习时，注意握拍要正确、合理，左右手、前后脚及转体收腹等动作的协调性，遵照在最高点击球等规范要求。

（2）原地进行起跳挥拍，转体90°。着地后即返回原地，再反复起跳并完成上手挥臂动作的练习。

（3）多球式喂球或一对一陪练式喂球，让练习者先移动到位再击球。逐步提高要求，可由原地完成动作，到起跳完成动作；固定回击一点直线球，到回击两点直线加斜线球等。

（4）两人分边，用高吊、高杀直线或斜线球进行对练。要求开始速度慢些，逐步加快，注意到位击球，提高稳定性、准确性。

（5）强调高、吊、杀动作的一致性，即在准备、引拍、挥拍到击球前期动作的一致性。只是在击球的瞬间有所不同。其一，击球点不同，正手击高远球是在右侧前上方，吊球比高球的击球点靠前，杀球比吊球更靠前。其二，高球是以肩关节为轴，大臂带小臂，小臂带手腕,向前上方用力击球。杀球也是以肩关节为轴,大臂带小臂,小臂带手腕,但更强调手腕积极向前下方重压。吊球则是以肘关节为轴,手腕积极下压,切削球托的右侧后下部。

第五节　前场技术

羽毛球运动的前场技术(网前技术)主要包括网前的放球、搓球、推球、勾球、扑球、挑球等。其中搓、推、勾、扑属进攻技术,要求击球前期动作有一致性,击球刹那间产生突变。握拍要灵活,动作要细腻,手腕、手指要灵巧,以控制好球的落点。网前进攻威胁较大,因球飞行距离短,落地快,常使对手措手不及而直接得分。即使不能直接得分,也能迫使对方被动回球,创造下一拍进攻的机会。若网前进攻和中后场进攻能紧密地配合起来,则能发挥前后场的连续进攻,掌握主动权。

前场技术中击球力量和动作弧度较小,主要以肘为轴,在前臂的带动下靠手腕、手指发力击球。同后场技术相比,要求手法更灵活、更细腻。要掌握好前场技术,首先要求握拍灵活,松紧适宜;其次,击球时出手动作要快,击球点要高,手指、手腕控制球拍要灵活。

一、正手放网前球

侧身对球网,右腿跨成弓箭步,重心放在右脚,正手握拍,做好放网前球准备,球拍随着前臂向右上方斜举,当球拍举至最高点时,前臂开始外旋转动,手腕稍后伸,左臂自然后伸,起平衡作用,这就是网前进攻技术击球前期动作的一致性。击球时,前臂稍外旋,手腕由后伸至稍内收,闪动,握拍手的食指和拇指夹住球拍,中指、无名指、小指轻握拍柄,使球拍在手腕和手指的挥摆用力下轻击球托将球轻送过网。挥拍的力量和拍面角度的大小,主要取决于来球离网的远近和速度的快慢。若来球离网远,速度快些,则放球的力量要大些,反之则力量要小些。放球后,身体动作还原成准备姿势。

二、反手放网前球

击球前的动作要领同正手放网前球,只是方向相反。反手握拍,反面迎球,击球时,主要靠前臂的前伸、外旋和手腕由内收至外展的合力,轻击球托底部,将球轻送过网。击球后,身体动作还原成下次击球的准备姿势。

六、反手网前推球

左脚向前,以反手握拍举于网前,球拍随着前臂往前上方伸举,前臂稍向左胸前收引,肘关节微屈,手腕外展,这时由反手握拍变成反手推球的握拍法,球拍松握,反拍面迎球。当前臂往前伸的同时稍外旋,手腕由外展至伸直,闪动,中指、无名指、小指突然紧握拍柄,拇指顶压,往左边线方向挥拍,击球时,推击球托的后部,使球沿边线方向飞行。击球后,还原到击球前的准备姿势。

常见错误如下。
(1) 握拍太紧,完全用前臂手腕发力,导致动作过大。
(2) 击球点太低,推球的弧度太高,或下网。
(3) 球拍后摆动作过大,如挑球、抛球动作。

七、正手网前勾对角线球

准备姿势同前,前臂前伸的同时稍外旋,手腕稍后伸。这时的握拍法稍有变化:将拍把稍向外捻动,使拇指贴在拍柄的宽面上,而食指的第二指关节贴在拍柄的背面宽面上。球拍随着向右侧前挥动,球拍面朝向对方右网前。击球时,靠前臂稍有内旋往左拉收,手腕由稍后伸至内收,闪动,挥拍拨击球托的右侧下部,使球沿网的对角线飞行。击球时,手腕要控制拍面角度。击球后,还原到击球前的准备姿势。

勾球技术分为两种:其一是高手位勾对角线,网前抢到高手位置的球,以对角路线回击向对方斜对角对应的前场区域；其二是低手位勾对角线，当对方击过来的球几乎触地时，以对角路线回击向对方斜对角对应的前场区域，这是在被动的情况下与挑球技术结合，为赢得回位防守创造时间。

八、反手网前勾对角线球

准备姿势同前，采用反手握拍法，随着前臂前伸，球拍平举。在身体前移的过程中，球拍随手臂下沉，由反手握拍变成反手勾球的握拍法，这时球拍面正对来球。当来球过网时，肘部突然下沉，同时前臂稍外旋，手腕由微屈至后伸，闪动，拇指内侧和中指将拍柄往右侧一拉，其他手指突然握紧拍柄，拨击球托的左侧后部，使球沿对角线过网。

勾对角线球的技术关键：伸腕或屈腕的动作要突然、快速，使拍面对着出球方向。

常见错误如下。

（1）手臂前伸引拍的动作僵直，导致动作僵硬，无法控制勾球的角度和轻重力量。

（2）过于强调手指和手腕的力量，而忽视了手臂带动回收的力量。很容易造成失误。

（3）引拍时前臂和手腕没有外旋（或内旋，反手勾球使用）动作，已被对方识破动作意图，达不到推、搓、勾球动作的一致性。

九、正手网前扑球

左脚先蹬离地面，然后右脚向右网前蹬跃而起扑球。当身体往前倾时，正拍朝前。球拍随手臂往右前伸，斜上举起。蹬跳后，身体凌空跃起，前臂往前上伸稍外旋，腕关节后伸，同时虎口对着拍柄的宽面，小指和无名指稍松开，使拍柄离开鱼际肌。击球时，手腕由后伸略内收至外展。随着手腕的闪动，球拍从右侧向左前挥动，这时击球的力量主要靠身体前扑的冲力与前臂、手腕击球的合力。如果球离网顶较近，那就要靠手腕从右前平行球网向左前的滑动挥拍扑球。这样可避免球拍触网违例。扑球后，球拍随手臂往右侧前下回收。

十、反手网前扑球

同正手网前扑球相似，唯方向在左网前。反手握拍，持于左侧前，当身体向左前方跃起时，球拍随着前臂前伸而前举，手腕外展，拇指顶压在拍柄的宽面上，食指和其他三指并拢，球拍面正对来球。击球时，手臂伸直，手腕由外展至内收，闪动，手指握紧拍柄，拇指顶压，加速挥拍扑击。击球后马上屈肘，手腕由内收到外展，球拍放松，自然收（以免触网违例）至体前。

十一、正手网前挑高球

准备动作同正手放网前球。击球前前臂充分外旋,手腕尽量后伸。从右下向右前方至左上方挥拍击球。在此基础上,若球拍向右前上方挥动,挑出的是直线高球;若球拍向左前上方挥动,挑出的是对角线高球。

十二、反手网前挑高球

准备动作同反手放网前球。击球前,右臂往左后拉抬时引拍。击球时前臂充分内旋,手腕由屈至后伸,闪动挥拍击球。若球拍由左下向左前上方挥动,则球向直线方向飞行;若球拍由左下向右前上方挥动,则球向对角线方向飞行。

网前技术的难点如下。

(1)握拍要灵活,要充分利用手腕和手指的力量来控制球拍,以便击出不同球路和落点的球。

(2)手腕与手指要协调,控制好拍面,以便使击出的球离网不会太高、太远或落网。

(3)站位离网过近,妨碍击球动作,出手慢,击球点低等。

(4)扑球时易触网违例。击球点离网较远时,可以用前臂和手腕向正前下方扑击。

主要练习方法如下。

(1)首先对搓、推、勾、扑每一个技术动作的结构和规范要求有明确的概念。能识别和熟记它们之间的相同点和不同点。

(2)熟练掌握正、反手握拍上网前的基本功。正手握拍上右网前,反手握拍上左网前。一步垫步上网,两步跨步上网,三步交叉跨步上网。

(3)两人隔网对练搓球或勾球。

(4)多球上网搓、勾、推对角线球练习。

(5)吊上网搓、推、勾对角线球组合练习。

(6)杀上网搓、推、勾对角线球组合练习。

前场击球的位置如下。

前场技术要求选手有明确的方位感,在什么位置选择什么样的击球技术,这一点无论是对出球的质量还是战术的运用效果都是非常重要的。比如:

(1)击球位置太低,在球网以下部位击球,这种击球位置就不可以再以搓网前小球的击球方式回击。

(2)如果击球位置在球网顶部以下,在这种位置状态下,再用网前扑球的方式击球就不行。

(3)网前击球位置很高的情况下,却以挑高球还击,这会使全场速度减慢,延误战机。

因此，运用前场技术，一定要依据自己当时所处的击球位置来选择击球技术，只有在适宜的击球位置下，合理运用适宜的击球技术，才能收到好的击球效果。

第六节　中　场　技　术

羽毛球中场技术主要有挡网前球技术、快打技术、抽球技术、接杀球技术等。

一、挡网前球技术

（一）正手挡直线网前球技术

该技术多用于接对方杀球。接球前用接杀球的步法移至右场区边线，身体右倾，手臂右伸，前臂外旋，手腕外展。击球的时候，前臂内旋稍翻腕，带动球拍由右下向前上方推送击球，这样就可以将球直接挡回直线网前。也可以在击球时前臂由外旋至内收，带动球拍由右向前切送挡回直线网前。击球后，身体左转成正面对网，然后右脚上前一步，球拍随身体向左转收至体前。

（二）正手挡对角网前球技术

准备姿势同上。挥拍击球时，在肘关节屈收的同时前臂稍内旋，手腕由后伸至内收，闪动挥拍击球托的右侧。击球点在右侧前，手腕、手指控制拍面角度，使球向对角网前坠落。

（三）反手挡直线网前球技术

同正手，也多用于接对方杀球。先用接杀球的步法移至左场区边线，身体左转前倾，右肩对网，右肘弯曲，手腕外展，引拍至左肩前上方。击球时，借对方来球的冲力，以前臂带动球拍由左上方向左前方用拇指的顶力挥拍轻击球托，将球挡回直线网前。击球后，身体右转成正面对网，球拍随着身体的移动收至体前。

（四）反手挡勾对角网前球技术

用反手勾对角接杀球握拍法。击球时，手腕由外展至后伸，闪动挥拍击球托的左侧下部，使球向对角网前坠落。

二、快打技术

(一)正手快打

两脚分开,右脚稍前,左脚在后,两膝弯曲呈半蹲式,正面握拍,举起球拍,球拍上举经过头顶,往头后引至右后侧下方,手握拍较松。当判断来球是在头顶上方时,身体稍往前移,同时左脚往前跨一小步,右脚稍微伸直,成左弓箭步,将击球点选在右肩的前上方。上臂向前上方抬起,肘弯曲,前臂稍后摆带外旋,引拍于头后。击球时前臂向前,手腕由后伸至前屈,闪动挥拍击球托的后部,使球平直、急速地飞向对方中场区的附近。击球后,球拍随势前盖,右脚往左前迈一步,站在中线两侧稍偏后的位置上,球拍由左下回举至前上方,准备迎击下一次的来球。

(二)反手快打

右脚前交叉在左侧前,重心在左脚上,右手反手握拍在左侧前。当判断来球在左场区时,右前臂往左摆,身体稍向左转至右肩对网,左脚也往左侧迈一小步,前臂内旋,手腕外展引拍于左侧后。击球时,前臂外旋,手腕伸直,闪动,手指突然抓紧拍柄,前盖球托后部,使球比较平直地向前飞行。

三、抽球技术

中场抽球技术主要是对付对方击来的弧线平于或稍低于网,且落点在中场附近的低平球时所采取的回击技术。在双打比赛中多采用平抽球的击打方式,它的击球点在与肩同高处或在肩腰之间。因为来球的速度较快、弧线较平,所以击出的球速度也较快、较平,因而中场平抽球也是一种对攻的技术。它有正、反手平抽球和半蹲式平抽球几种。

(一)正、反手平抽球

1. 正手平抽球

正手平抽在双打中格外常见,因此也尤为重要,若是对攻的情况,平抽的双方通常距离较近,因此对速度的要求和反应几乎是所有技术环节中最高的,在羽毛球比赛实战中,还需要根据实际情况调整身体的重心高度,尽量保持高点出球。

(1)预先准备,拍头向上,向右侧出脚,脚尖指向右边线;在出脚时做好击球准备,同时右肩向后,击球手与头持平在右侧,拍头向上,肘向下。

(2)通过前臂外旋摆臂,肘向前带手心向上,拍头指向手背后。

(3)马上内旋击球,展开肘关节,抬到与肩平行,在身体一侧或体前一点,略微屈肘击球。

(4) 球拍向左挥,与髋同高,手背朝脸,收脚,回到中心位置。

2. 反手平抽球

(1) 预先准备,左脚向左伸出,身体随之转动,左脚脚尖指向边线,右脚随后马上随左脚向前迈,右肩朝向球网。

(2) 拍头指向身体左侧,反手握拍,手腕随手背弯曲,肘关节向下,拍头向上。

(3) 抬肘到与肩持平,拍头在身体左侧下沉(摆动),前臂内旋。

(4) 在肘与肩持平时展开,肘略弯曲,并且外旋手臂到反手位在体前击球,球拍挥到身体右侧,与肩持平,上肢不要弯。

无论是正手还是反手平抽,对于击球瞬间的力量都要求甚高,因为平抽球的要诀就是一个——快。

(二) 半蹲式平抽球

半蹲式平抽球主要运用在双打比赛中,这是进行对攻的一种击球技术。这种技术是将对方击来的位于肩部或面部附近的球,在半蹲姿势下还击回去。击球时,看准来球,迅速取半蹲姿势,同时举拍在正面或头顶等位置以前臂带动手腕快速闪动,挥拍击球。

四、接杀球技术

接杀球技术,是羽毛球防守技术中最重要也是最难掌握的项目。接杀球技术可分为接杀放网前小球、接杀勾网前对角线小球、接杀挑后场高球和接杀平抽球这几种形式。每一种球又可分为正、反手两种击法。在比赛中,接杀球虽然看似一项防守技术,但如果防守严密,回球的战术路线及落点掌握得当,往往是守中反攻的开始。由于接杀球技术是在对方处于攻球,而我方得将对方凌厉的杀球还击回去的情况下运用的技术,所以要求判断、反应、起动和出手要快,击球前的引拍预摆动作要小。由于接杀球可借助对方来球的力量反击球,所以击球力量也不大。

比赛中,接杀放网前小球和接杀勾网前对角线小球主要用于单打防守时调动对方,接杀挑后场高球和接杀平抽球主要用于双打中。接杀球这项技术要掌握运用得好,重要的一点就是要"巧"。

(一) 正手接杀放网前小球

用正手握拍,以正拍面在身体右侧将对方的杀球直线回击至对方的网前区域,称为正手接杀放网前小球。正手接杀放网前小球技术的动作要领如下。

(1) 两脚与肩同宽,自然分立于中场稍偏后一点的位置上,重心降低,双眼注视对方的击球动作,呈接球前的准备姿势。

（2）用正手接杀球的步法向来球方向移动,在右脚触地的同时,右手伸向右侧,上臂外旋,稍做伸腕引拍(注意击球前的预摆动作要小)。击球时,借助对方杀球的力量,运用手腕、手指控制球拍面,以切击动作向前方推送,轻击球托的底部,使球尽量贴网下落。

（3）击球后上下肢动作都应迅速复位,并持拍于胸前准备,回击下一个来球。

（二）反手接杀放网前小球

用反手握拍,以反拍面在身体左侧将对方的杀球直线回击至对方的网前区域,称为反手接杀放网前小球。反手接杀放网前小球技术的动作要领如下。

（1）准备动作与正手接杀放网前小球相同。

（2）用反手接杀球的步法向来球方向移动，在右脚（或左脚）触地的同时，右手伸向左侧来球方向。前臂稍内旋做引拍预摆动作。击球时由展腕至收腕微微发力，并通过手腕、手指控制球拍面，切击球托底部。

（3）击球后脚步迅速蹬地回中心位置，同时将球拍收至胸前，准备迎接下一个来球。

（三）正手接杀勾网前对角线小球

用正手握拍，以正拍面在身体右侧将对方击来的杀球勾至对方正手网前区域，称为正手接杀勾网前对角线小球。正手接杀勾网前对角线小球技术的动作要领如下。

准备姿势、击球前的引拍动作及击球后的回收动作均同正手接杀放网前小球。运用正手网前勾对角线小球的击球动作向前推送，发力击球。注意击球力量应视对方杀球力量的大小来调整：对方杀球的力量大，本方击球的力量要相对小；对方杀球的力量小，本方击球的力量则需要相对的大。

（四）反手接杀勾网前对角线小球

用反手握拍，以反拍面在身体左侧将对方击来的杀球勾至对方反手网前区域，称为反手接杀勾网前对角线小球。反手接杀勾网前对角线小球技术的动作要领如下。

准备姿势、击球前的引拍动作及击球后的回收动作均同反手接杀放网前小球。运用反手网前勾对角线小球的击球动作向前推送发力击球。注意击球力量应视对方杀球力量的大小来调整：对方杀球的力量大，本方击球的力量要相对小；对方杀球的力量小，本方击球的力量则需要相对的大。

（五）正手接杀挑后场高球

用正手握拍，以正拍面将对方杀向身体右侧或体前的球，挑至对方后场底线区域附近，称为正手接杀挑后场高球。正手接杀挑后场高球技术的动作要领如下。

击球前的准备姿势和击球后的回收动作均同正手接杀放网前小球。运用正手网前挑后场高球技术的击球动作，在体前或体侧发力击球。注意出手要快，预摆动作及发力动作都不能大。正拍面向正前上方挥动则击直线球；斜拍面向斜前上方挥动则击斜线球。

（六）反手接杀挑后场高球

用反手握拍，以反拍面将对方杀向身体左侧或前方的球，挑至对方后场底线区域附近，称为反手接杀挑后场高球。反手接杀挑后场高球技术的动作要领如下。

运用反手网前挑后场高球技术的击球动作，在身体前或身体左侧发力击球，其余要点同正手接杀挑后场高球。

（七）正手接杀平抽球

用正手握拍，以正拍面将对方杀向身体右侧腰部位置附近的球，向对方场区抽压过去，称为正手接杀平抽球。接杀平抽球的击球点较接杀挑后场高球的击球点要高一些。正手接杀平抽球技术的动作要领如下。

准备姿势和击球后的回收动作与正手接杀放网前小球相同。手臂屈肘后拉的同时，上臂外旋，做回环动作，带动手腕向后伸展引拍。击球时手臂迅速向前内旋挥动并带动手腕闪动发力，食指控制拍面，以类似翻压的动作击球，使球平行过网后即向下行走。

（八）反手接杀平抽球

用反手握拍，以反拍面将对方杀向身体左侧腰部位置附近的球，向对方场区抽压过去，称为反手接杀平抽球。反手接杀平抽球技术的动作要领如下。

准备姿势、击球后的动作与正手接杀放网前小球相同。击球前上臂内旋回环引拍，击球时手臂急速外旋，带动手腕由展腕至收腕发力，并充分运用拇指的顶力将球击出。

一般情况下，对方若从直线杀球，我方多以斜拍面向斜前方击斜线平抽球为主；对方若从斜线杀球，我方多以正拍面向正方向回击直线平抽球为主。

第七节　提高击球质量的五大要素

高质量的击球要符合"快、狠、准、活"的原则，而击球质量受来球状况、击球意识、击球技术等多方面因素的影响，现就一些基本的、直接影响击球质量的因素进行剖析，如果能协调好这些因素，必定可以提高击球质量。

一、羽毛球的飞行弧度和落点对击球质量的影响

首先，要掌握影响弧线质量的主要因素。一是弧线的曲度，二是弧线打出距离。其次，要明确各种技术对弧线的特殊要求。再次，要知道如何控制拍形角度、拍面方向和击球的力量及用力方向，这也是控制击球弧线的根本方法。

二、速度和力量对击球质量的影响

击球力量是指挥拍击球时作用于球体上的力量。击球力量的大小是由挥拍产生的速度和力量、球拍和拍弦的反弹力、羽毛球球托的弹性等因素决定的。距离一定、质量不变时，要想击球快，给对手短暂的反应时间，那么只有缩短运动（挥拍）时间，就必须保证有足够的击球力量。所以，要想短时间内使挥拍力量达到一定值和速度，就必须提高运动员的爆发力以及自身的其他素质。力量素质与其他素质也有极为密切的联系，并直接影响其他素质的发展，力量素质也是掌握运动技术和提高运动水平的基础。

三、击球点对击球质量的影响

击球点位置大致有击球点前、击球点后、击球点高、击球点低、击球点靠右、击球点靠左几种。在比赛中，为了争取主动权，都会争取击球点在自己的右肩上或前上方。要想拥有一个良好的击球点，步法就得灵活快速，脚步移动的快慢和移动范围的大小是能否获得最佳击球点的基础，只有具备准确的判断和迅速的起动，加上快速的大范围步法移

动,使身体赶在球体下落前到位,才能获得较好的击球点。到达击球位置后,应掌握在适当的时机引拍击球。如果出手快,击球点高,发力充分,击球主动,效果就好;如果出手慢,击球点低,发力不充分,击球慢,击球质量就不好。恰当的出手时间,以后场球为例:在球体刚调头下落时,开始出手引拍,这样,当球体下落到最佳击球点时,正好挥臂击中球托,发力最佳。同样,在拥有良好击球点的同时,还应注意引拍的挥臂速度。引拍挥臂的快慢,也对能否获得最佳击球点产生影响。挥臂迅速,爆发力强,往往能获得最佳的击球时间和空间,击球干脆完整;挥臂慢,没有爆发力,往往会错过最佳击球点,击球质量就会受到一定的影响。

击球点获取的好坏往往取决于选手是否熟练掌握步法。熟练掌握基本步法对于打好羽毛球至关重要。无论是前场、中场还是后场击球,迅速移动到位是正确完成击球技术动作的基础。羽毛球的各种步法都包含着取位准备、判断起动、移动击球、迅速回位四部分。

四、手法结构对击球质量的影响

羽毛球的击球技术动作,无论是前场、中场、后场还是发球,均由准备姿势、引拍动作、击球动作和回收动作几部分组成。准备姿势指击球前的预备状态,是为了引拍做好充分准备。准备姿势在同类击球技术中要求动作隐蔽、一致,反之,则会影响击球的准确性。击球前的引拍,为发力和变化拍面角度留了足够的时间和空间,使击球获得强大的作用力。引拍动作成功与否,会影响到击球的效果。后场击球力量大,要求手臂充分后引,加大引拍动作幅度,为击球发力创造足够的空间;前场击球力量小,动作柔和,要求严格控制引拍幅度、角度和力量;中场击球快,要求引拍动作快,引拍幅度小。从结束引拍动作开始向来球方向挥拍击球,要想完成好击球动作,必须做到以下几点:要及时向前挥拍,争取最佳击球点;根据不同击球技术的要求,调整好向前挥拍的速度和力量;击球瞬间,应通过手指控制球拍,运用恰当的拍面角度,协调上下肢和躯干,运用击球战术意识,完成击球动作。击球后由于惯性,球拍会有一定的随后动作,应迅速收回球拍,还原成击球前准备姿势,为下次击球做好准备。回收动作应及时、干净利落,以为下次击球做好准备。如果回收动作不到位,会影响下次击球的准备时间和引拍动作。

引拍动作是通过转肩来完成的,在这个过程中,需要注意的是手臂、手腕要保持放松的状态。引拍完成后,手肘会自然上抬,球拍也会自然后倒,这个在高手所完成的引拍动作里能明显看到。而在引拍完成后则开始发力挥拍,这时手臂肌肉开始紧缩,大臂(上臂)带动小臂(前臂)及手腕向前加速挥拍击球,最后在接触球的瞬间握紧球拍击球。

五、合理有效协调发力对击球质量的影响

以正手击高远球技术为例,运用快速合理的步法,移动到球降落点的位置上,击球

点选择在右肩稍前的上空,做好准备击球的动作——侧身对网(左肩对网),左脚在前,以脚尖点地,右脚在后稍屈膝(脚尖朝右),重心落在右脚上;上体和头部稍后仰,眼盯来球,右手正手握拍举于右肩上方,手臂放松微向后拉,前臂稍内旋,手腕与前臂保持伸直,左臂屈肘自然左上举,左肩高于右肩。当球降落到适当高度时开始蹬地,从脚开始发力,通过转体传递腿和腰腹力量,再以肩关节为轴带动上臂上举,前臂往后伸,腕关节充分后伸,球拍垂于右肩后。整个发力击球动作是从球拍由前臂带动往上加速挥拍开始的,此刻,紧握拍柄,利用手腕的充分后伸,经过稍微有点内旋至前屈,闪动,产生爆发力,击球托的后下部,使球往前上方击出。击完球之后,由于左臂的带动和右臂击完球之后的惯性作用,使身体转成面对球网,重心移动到左脚上,向中心位置回动。

六、步法对击球质量的影响

羽毛球步法是影响击球和比赛发挥的主要因素,俗话说"三分技术,七分步法",步法是羽毛球运动员需要学习的最基本的技术。良好的步法是完成技术动作的保障,运动员在场上为了跑到适当的位置击球,就必须采取合理、准确、快速的移动方法,将对方击来的球在落地前回击过网。如果步法差,不能及时跑到位,就会影响击球的准确性,甚至击不到球,即使有再好的技术也难以施展。如果反应敏捷、判断准确、移动快、技术到位,就能够发挥击球技术的特长,打出准确多变的球路,为争取比赛的主动权创造前提条件。由此可见,步法是保证手法正常发挥的关键,步法不到位就会影响击球质量。因此,步法对一个羽毛球运动员来说是很重要的,在羽毛球技术和战术中起到非常重要的作用。

第八节 羽毛球运动的步法

一、上网步法

羽毛球的上网步法包括:跨步上网,垫步或交叉步上网,蹬跳上网等。不论用哪种步法上网,其上网前的站位及准备姿势都是一样的。站位取中心位置,两脚左右开立(稍有前后)约同肩宽,两膝微屈,两脚前脚掌着地,后脚跟稍提起并左右微动;上体稍前倾,右手持拍于体前,两腿注视对方的来球。

(一)跨步上网步法

(1) 两步跨步上网步法:左脚先向来球方向跨出一步,左脚落地的同时,紧接着右脚向前跨出一大步,到位击球,击球后右脚蹬地,迅速回到球场中心位置。

(2) 三步跨步上网步法:右脚先向来球方向跨出一小步,接着左脚向前跨出一步,右脚再跨出一大步,到位击球。

(二)前交叉步加蹬跨步上网步法

左脚先向前迈出一步,落地同时右脚抬起,利用左脚蹬地跨出一大步,到位击球。

(三)后交叉步加蹬跨步上网步法

右脚先向前迈出一小步,接着左脚从右脚后迈出第二步,落地时蹬地,使右脚迎来球跨出一大步,到位击球。

(四)蹬跳上网步法

站位稍靠前,判断对方要重复打网前球时,利用双脚蹬地迅速跳向网前,采用扑球技术击球,争取球刚越过球网时立即进行还击。当对方有还击网前球意图时,站位应稍靠前,右脚稍向前做小步调整,脚刚着地便用力蹬跳,侧身扑向球网。使用蹬跳上网步法时既要快又要注重着地制动和缓冲,防止因前冲过大而触网或侵入对方场区违例。

(五)反手上网步法

反手上网的脚步移动方法和正手上网时是相同的,区别在于:起动时,右髋应迅速转向左前方,使身体右侧斜对反手网前的击球点位置(这一转体,也可在移动的过程中完成),以便于朝左前方移动。

上网步法的注意事项如下。

(1)上网步法要注意前冲力不要太大,避免身体失去平衡。

(2)到位击球时,前脚脚尖应朝边线方向,不应朝内侧,有利于借前冲力向前滑步。

(3)击球后应尽快采用后退跨步、垫步或交叉步退回中心位置。

二、后退步法

后退步法是完成后退回击高球、吊球、杀球、后场抽球的步法。它包括正手后退步法、头顶后退步法、反手后退步法、正手后退并步加跳步法、头顶侧身加跳步法。不论哪种步法,其后退前的站位及准备姿势均与上网步法姿势相同。

（一）正手后退步法

（1）并步后退步法:右脚向右后侧身退一步,并带动髋部右后转,接着左脚用并步靠近右脚,右脚再后转到位,左脚跟进一小步,成为左脚在前右脚在后、侧身对网的击球准备动作。

（2）交叉步后退步法:右脚向右后侧身退一步,并带动髋部右后转,接着左脚从右脚后交叉退一步,成为右脚在前左脚在后、侧身对网的击球准备动作。

（3）并步加跳步后退步法:与并步后退步法第一、二步步法相同,第三步采用侧身双脚起跳后到位击球,后双脚落地。

（二）头顶后退步法

（1）头顶并步后退步法：髋关节及上体快速向右后方转动的同时，右脚向后退一步，接着左脚用并步靠近右脚，右脚再向后移到位，左脚跟进一小步，成为左脚在前右脚在后、侧身对网的击球准备动作。

（2）头顶交叉步后退步法：髋关节及上体快速向右后方转动的同时，右脚向后退一步，接着左脚从右脚后方交叉后退一步，右脚再向后移到位，左脚跟进一小步，成为左脚在前右脚在后、侧身对网的击球准备动作。

（3）头顶侧身步加跳步后退步法：这是一种快速突击抢攻打法的后退步法。髋关节及上体在快速向右后方转动的同时，右脚向后退一步，紧接着右脚向后方蹬地跳起，上身后仰。角度较大，并在空中完成击球动作，此时，左脚在空中做交叉动作后先落地，上体收腹，使右脚着地时重心落在右脚上，以便于左脚迅速回动。

这种步法应注意如下几个重要环节。

首先，上体和髋部侧转要快，右脚后退至左脚的后方横侧位；其次，蹬跳方向应向左后方跳起，使上体向后仰，左脚在空中做交叉后撤的动作要大，上体要有力地收腹，重心迅速恢复至右脚，左脚能迅速回动。

（三）反手后退步法

（1）一步反手后退步法：如离球较近，可采用一步反手后退步法。其方法为：起动时，身体重心移向左脚，并以左脚为轴，身体向左后方转动，同时右脚向击球点方向跨出一大步，背对网击球。

（2）两步反手后退步法：如离球稍远一些，可采用两步反手后退步法。其方法为：左脚先向左后方撤一小步，紧接着，身体左转，右脚向左后方跨出一大步，背对网击球，或者右脚先向后退一步,左脚向左后方跨出一步,以侧身的形式到位击球。

(3)三步反手后退步法:在离击球点比较远时,可采用三步(或更多步)反手后退步法。右脚先向左脚并一步(或交叉退一步)后左脚向左后方退一步,此时上体左转,右脚再向左后方跨出一大步,背对网击球。

无论采用哪种方法移动,有一点是很重要的,那就是在最后一步时,要尽可能保证使右脚靠近击球点方向,这样有利于协助击球动作的完成。

三、两侧移动步法

两侧移动步法是完成中场球的回击步法,如接杀球、接对方平射球时所采用的步法。其移动前的站位及准备姿势与上网步法的站位及准备姿势基本相同。两侧移动步法包括左侧移动步法、右侧移动步法和左右侧蹬跳步法。

(一)左侧移动步法

(1)一步蹬跨步法:判断来球落点离身体较近时,迅速将身体重心调整至右脚,右脚内侧用力蹬地,同时左脚向左侧跨一大步到位,正对球网击球。

(2)两步蹬跨步法:判断来球落点离身体较远时,左脚先向左侧移一小步,紧接着右脚向左侧蹬跨出一大步,背对网击球。

（二）右侧移动步法

（1）一步蹬跨步法：当来球离身体较近时，身体重心调整至左脚，用左脚内侧蹬地，右脚随髋关节的转动，同时向右侧跨出一大步到位击球。

（2）两步蹬跨步法：当来球离身体较远时，左脚应先向右侧移一步，然后右脚向右侧蹬跨出一大步到位击球。

第四章 羽毛球基本技术训练的方法和目标

羽毛球基本技术主要由上肢的基本手法和下肢的基本步法两大部分组成。上肢的基本手法又由握拍、发球和击球三个技术部分组成，下肢的步法则由基本站位、前场上网、中场左右和后场后退步法组成。

第一节 握拍训练的方法和目标

一、握拍方法

判断一个人是不是真的会打羽毛球，很多时候看他会不会握拍就可以知道，没有学过打羽毛球的人多数都是采用像握苍蝇拍一样的握法，即虎口对着拍面。这样击球时根本发不出力来。正确的握拍方法是最基本的羽毛球技术。不会正确握拍，后面的击球方法、发力方法等就无从谈起。所以，掌握正确的握拍姿势是一个很基本的要素。

二、正手握拍

在身体右侧的正手正拍面击球及头顶中、后场击球都采用正手握拍技术。正手握拍击球时，握拍手的手掌和击球的拍面朝向相同。

动作要领如下。

正确的握拍方法是先用左手拿住拍杆，使拍面与地面垂直，然后张开右手，从上往下握住球拍。手掌下部靠在拍柄底托，虎口对着拍柄窄的一面，拇指的一节内侧贴在拍柄内侧的宽面上，食指第一关节有效勾住拍柄外侧宽面。食指与中指稍分开，间距约为一指宽，拇指位置在食指与中指中间，小指、无名指、中指自然地并拢，自然弯曲并贴在拍柄上。

握拍时,手心不要紧贴着拍柄,否则就握死了。

握拍不要太紧,要尽量放松握拍手指。只有在发力时才需要握紧,发力结束后又回到放松的状态。

三、反手握拍

在身体左侧的反手反拍面击球都采用反手握拍法。

动作要领如下。

反手握拍形式之一是在正手握拍的基础上,略微转拍,变换手指位置,拇指的正面伸直,顶在拍柄宽面上,食指、中指、无名指、小指并拢,自然弯曲并贴在拍柄上。

击球时,靠食指以后的三指紧握拍柄,同时拇指前顶发力击球。

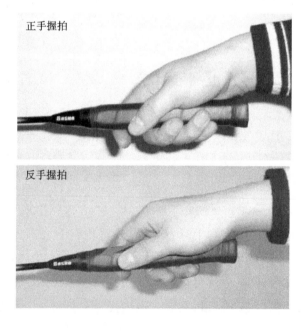

四、初学者常见的握拍错误

(1)虎口对着拍柄宽面。

(2)如同握拳头一样将拍柄紧紧攥住。

(3)食指按在拍柄宽面的上部,而仅用其余四指攥住拍柄。

五、练习方法

(1)让握拍手自由转动拍柄后,按照正确的技术动作要领,用肉眼观察,由握拍手独立调整完成正手握拍动作或反手握拍动作。

（2）通过反复练习，逐渐过渡到不用肉眼观察，全凭手上的感觉便可完成正确握拍。

（3）在实战中，视来球的角度和方向，可选择正手握拍或反手握拍，握拍力度适宜。

六、握拍需要注意的细节

（1）拍柄的宽面跟拍面平行，控制好拍面就等于控制住了拍面朝向。

（2）食指第二关节靠在宽面上，食指第一关节扣住宽面右小斜面，食指根部贴住宽面左小斜面，接触面积大时更利于力量的集中传送。

（3）掌根小鱼际肌在发力击球时起重要支撑作用，此处不可空。

（4）大鱼际肌也不可紧贴拍柄，否则会影响拇指发力。

（5）拇指不可僵直竖顶在小斜面处，应斜靠宽面，位置低于食指高于中指，击球瞬间需屈指发力。

（6）发力击球时，中指、无名指、小指应在拇指同侧扣住宽面，任何手指缺失都会削弱击球力度。

（7）判断握拍是否灵活时，请尝试用拇指和食指控制拍柄转动，如果可以轻易左右转动且精确回位，说明能熟练应用手指，如果可以转过去但转不回来，说明还不能熟练操控手指肌肉。

（8）虎口位置绝对不可紧贴拍柄，对于手大的人来说虎口部位可留空，对于手小的人来说确保虎口不受力即可。

（9）反手握拍与正手握拍相比，手指与宽面的位置及拍柄跟手掌的角度都会发生变化。通常反手握拍时大拇指内侧正对宽面。

（10）反手握拍时拇指位置可略高于食指。

第二节　发球技术训练的方法和目标

发球有两种形式，一是正手发球，二是反手发球。正手发球可分为正手发高远球、正手发平高球、正手发平射球和正手发网前球。其中，正手发高远球是基础。反手发球由于受挥拍限制，无法发高远球，可以发网前球和平高球。

一、正手发球

（一）正手发高远球

这是单打中常用的发球方式，要求把球发到对方端线处，迫使对方后退还击，给对方进攻制造难度。发高远球虽然弧线高，球飞行时间长，但由于离网距离远，球从高处垂直下落，较难下压进攻对手。把球发到对方左、右发球区的底线外角处，能调动对方至底线边角，便于下一拍打对方对角网前，拉开对方的站位。对方左场区的底线外角是对方的反手区，更是主要攻击的区域。但发右场区的底线外角时要提防对方以直线平高球攻击自己的后场反手区。把球发到对方接发球区底线的左、右半区的内角，能避免对方以快速的直线攻击自己的底线两侧。

发球准备时，身体左肩对球网，左脚在前，右脚在后，引拍时重心移至右脚上，右手持拍向右后侧举起，肘部放松微屈，左手拇指、食指和中指夹住球，举在胸腹间。发球时，身体重心由右脚移至左脚，左手把球举在身体的右前方并自然放下，使球下落，右手同时持拍由大臂（上臂）带动小臂（前臂），从右后方沿着身体向前并向左上方挥动。当球落到右手臂向前下方伸直能触到球的一刹那，握紧球拍，并利用手腕的力量向前上方发力击球。击球之后，球拍顺势向左上方挥动缓冲。

训练方法如下。

(1) 持拍手臂以 45°角屈肘举于体侧，左手自然上举保持平衡，侧身对网，重心在右脚上，抬头注视来球。

(2) 击球点选择在右肩上方，前臂急速内旋带动手腕加速向前上方挥动，屈收手腕，屈指发力，用正拍面，以与地面成近 120°的夹角，在空中最高点将球向前上方击出。

(3) 原地反复做挥拍练习（跟随口令，做挥拍练习）。

易犯错误如下。

(1) 准备姿势不正确，重心落在两脚之间，击球时没有转体动作。

(2) 击球时手臂僵直，身体不能协调用力。

(3) 击球瞬间，球拍面没有正对出球方向。

纠正方法如下。

(1) 保持正确的发球准备姿势，右手正手握拍，自然屈肘于身体右侧。

(2) 讲明身体各部分的用力顺序。

(3) 强调发完球后球拍应顺着惯性挥向自己的左肩上方。

（二）正手发平高球

发平高球时，虽然球的飞行弧线较低，但对方仍然要退到后场才能还击。由于球飞行快,对方没有充裕的时间考虑对策,回球质量会受到一定的影响。对于球飞行弧线的控制,应根据对方站位的前后和人的高矮及弹跳能力而定,以恰好不给对方半途拦截的机会为宜。落点的选择基本与发高远球相同。

发平高球时,发球前准备姿势同发高远球。发球的动作过程大致同发高远球,只是在击球的一刹那,前臂加速带动手腕向前上方挥动,拍面要向前上方倾斜,以向前用力为主。发平高球时要注意发出球的弧线高度以对方接球时伸拍打不着球为宜,并应发到对方场区底线。

训练方法:发力击球的时间要短,爆发力要强。另外,击球的瞬间应先运用前臂带动手腕充分闪动,然后屈指发力将球击出。

(三)正手发平射球

发平射球(或者平快球)和网前球配合,争取创造第三拍的主动进攻机会。当接发球方有所准备时,也能半途拦截,以快制快,发球方反会处于被动状态。发平射球时球的落点一般应在对方反手区,或直接对准接发球的身体,使对手措手不及。这种球比平高球的弧线还要低、速度还要快。在对方反应较慢、站位较前、动作幅度较大时,效果往往很好。发球动作要领:准备姿势同发高远球。站位比发平高球稍后些(以防对方很快回到本方后场)。充分利用前臂带动手腕向前方爆发用力,球直接从对方的肩稍上高度越过,直攻对方后场。发平射球关键是出手的动作要小而快,但前期动作应和发高远球一致。发平射球时还应注意不要过手、过腰违例。

(四)正手发网前球

发网前球能减少对方将球下压的机会,发球后立即进入互相抢攻的局面。将球发到前场区内角,球飞行的路线较短,容易封住对方攻击自己后场的角度。发球到前发球线外角位能起到将对方调离中心位置的作用。特别是在右场区发前发球线外角位,能使对方反手区出现大片空当。但对方也能以直线推平球攻击发球者的后场反手区。如果预先提防,可用头顶球还击。发网前球也可以发对方的追身球,造成对方被动。发网前球时配合发底线球能有较好的效果。

发网前球时,准备姿势同发高远球。击球时,握拍要放松,上臂动作要小,主要靠前臂带动手腕向前切送,用力要轻。发网前球时应注意手腕不能有上挑动作,另外,落点要在前发球线附近,发出的球要贴网而过,可免遭对方扑杀。

训练方法和目标如下。

(1)正手向上颠球练习:先要求保持展腕,握拍放松,用前臂内旋动作击球,加上中指、无名指和小指由松到紧发力击球,加上手腕的回环动作击球,加上前臂的回环动作以加强击球的力量。

(2)讲解正手发高远球技术的动作要领。

（3）用吊线球进行正手发球练习：将球系在5米以上吊线的下端，球的高度调至与练习者膝关节平齐或稍低一些。用球拍向前上方击球，模仿正手发高远球动作。要求以完整的发球动作击吊线球，即吊线球击出后，立即摆出发球的准备姿势，包括左手的持球动作（假设），等待球回摆到一定的位置再按发球的要领击球，左手也要同时做好放球、回收动作。

（4）对墙发球练习，体会球下落时间与挥拍速度之间的时空关系。首先强调注意技术动作的准确性，可暂不考虑球是否击中，在不断重复正确动作的基础上，自然地发展到拍面能触球并将球击出。

（5）在场地上正式进行发球练习。始终要强调注意动作的正确性，然后才是飞行弧度和落点的质量要求。

（6）对正手发高远球进行延伸，讲解正手发平高球、平射球、网前球技术的动作要领，然后进行多球训练。

二、反手发球

（一）反手发网前球

发球时，面向球网，两脚前后站立（左脚或右脚在前均可），上体稍前倾，身体重心在前脚上。右手反手握拍，左手拇指、食指和中指捏住球的两三根羽毛，球托明显朝下（避免犯规），球体与拍面平行或球托对准拍面放在拍面前方。击球时，前臂带动手腕朝前横切推送。发网前球时，用力要轻，主要靠切送。

（二）反手发平高球

反手发平高球的发球站位、准备姿势、挥拍击球动作和网前球一样，只不过在击球的一瞬间不是切送，而是手腕由屈突然变直，向上方挥动，让球突然飞跃，飞向后发球线。

训练方法和目标如下。

反手向上颠球练习：反手握拍置于胸前（10～20厘米），球拍面在身体反手方向（以右手为例，一般是左边），球拍面与地面成一定角度，还是用"带动"法，注意每次击球前，手腕一定要垂下，然后被动"带起"。

（1）讲解反手发网前球动作要领。

（2）在场地上进行反手发网前球多球练习，强调动作的正确性，注意发球的弧度，以及落点的变化，发球时不要过手或者过腰。

（3）在网前球的基础上，讲解平高球的技术要领，然后在场地上进行多球训练。

第三节　后场技术训练的方法和目标

后场技术可分为正手击球和反手击球。正手击球可分为正手击高远球、正手击平高球、正手吊球、正手扣杀球。反手击球可分为反手击高远球、反手击平高球、反手吊球、反手扣杀球。

一、正手击球

(一) 正手击高远球

(1) 讲解正手击高远球技术的动作要领，同时讲解正手后场移动步法和后场两边移动步法。

(2) 按照技术的动作要领，持拍做好准备、引拍、挥拍、击球(还原)的基本练习。注意握拍要正确、合理，左右手、前后脚及转体收腹等动作协调，在最高点击球等规范要求。

(3) 原地进行起跳转体练习。着地后即返回原地，再反复起跳并完成上手挥臂动作的练习。

(4) 徒手在场地进行步法训练，然后加起跳挥拍进行步法训练。

(5) 用吊线球进行击球练习：将球系在 5 米以上吊线的下端，球的高度调至与练习者将球拍举高齐平的位置，用球拍向前上方击球，模仿正手高远球击球动作。要求以完整的发球动作击吊线球，即吊线球击出后，立即摆出发球的准备姿势，包括左手的持球动作(假设)，等待球回摆到一定的位置再按发球的要领击球，左手也要同时做好放球、回收动作。

(6) 多球式喂球或一对一陪练式喂球，让练习者移动到位击球。逐步提高要求，由原地完成击球，到起跳完成击球；由原地起跳完成击球，到结合步法后场两边移动击球；由移动中直线击球，到移动中斜线击球。

(7) 两人分边，两人对练高远球。要求开始进行定点高远球练习，熟练后再进行移动中击球练习，注意到位击球，提高稳定性、准确性。

(二) 正手击平高球

其击球前的准备动作与正手击高远球的准备动作相似，只是在击球的一刹那，手腕是向前使劲而不是向前上方使劲。训练方法同高远球。

(三) 正手吊球

击球前的准备动作同正手击高球。击球的一刹那，前臂突然减速，靠手腕的闪动向前下轻轻切击球托的右侧后下部。训练方法同高远球。

(四) 正手扣杀球

准备姿势与正手击高球相似。不同之处是右脚起跳后，身体后仰呈反弓形后收腹用力，靠腰腹带动大臂、大臂带动前臂、前臂带动手腕，形成向下鞭打的力，球拍正面击球托的后部，无切击，使球沿直线向前下方快速飞行。训练方法同高远球。

(五) 结合多球练习正手高、平高、吊、杀动作

强调高、平高、吊、杀动作的一致性，即在准备、引拍、挥拍到击球前期动作的一致性。只是在击球的瞬间有所不同：其一是击球点不同，正手击高远球是在右侧前上方，平高球与高远球相同，吊球比高球的击球点靠前，杀球比吊球更靠前；其二，高球是以肩关节为轴，大臂带动小臂，小臂带动手腕，向前上方用力击球。平高球是用手腕向前击球。扣杀球也是以肩关节为轴，大臂带动小臂，小臂带动手腕，但更强调手腕积极向前下方重压。吊球则是以肘关节为轴，手腕积极下压，切削球托的右侧后下部。

训练方法如下。

(1) 单人多球练习：主要方式有自抛打球，单人对墙抽球练习，单人多球发球练习等。

(2) 两人多球练习：一对一，一人送球，一人练习。这是多球训练最基本和运用最多的一种形式。例如：两人一组，一人站在发球线上，发后场高远球，10～15个球重复发球。

(3) 三人多球练习，一对二，一人负责供球、两人练习，再进行交换。

(4) 四人一组以上训练方法，主要是用于双打训练，两人喂球、两人轮转练习。

(5) 在多球训练基础之上，单个技术完成比较好的情况下，两人一组，可进行对打练习，以分钟计算时间。

二、反手击球

(一) 反手击高远球

(1) 讲解反手击高远球技术的动作要领，同时讲解反手移动步法。

(2) 按照技术的动作要领，持拍做好准备、引拍、挥拍、击球(还原)的基本练习。注意握拍要正确、合理，左右手、前后脚及转体收腹等动作协调，在最高点击球等规范要求。

（3）徒手在场上进行步法练习，然后结合挥拍一起训练。

（4）用吊线球进行击球练习：将球系在 5 米以上吊线的下端，球的高度调至与练习者将球拍举高齐平的位置，用球拍向后上方击球。要求以完整的发球动作击吊线球，即吊线球击出后，立即摆出发球的准备姿势，包括左手的持球动作（假设），等待球回摆到一定的位置再按发球的要领击球，左手也要同时做好放球、回收动作。

（5）多球式喂球或一对一陪练式喂球，让练习者移动到位击球。逐步提高要求，由原地完成击球，到结合步法移动击球。

（二）反手击平高球

反手击平高球，其击球前的准备动作与反手击高远球的准备动作相似，只是在击球的一刹那，手腕是向后使劲而不是向后上方使劲。训练方法同反手击高远球。

（三）反手吊球

击球前的准备动作同反手击高球。不同点是前臂上摆，拇指内侧顶住拍柄，手腕向后"甩腕闪动"（由屈至后伸外展），轻击球托的后下部，使球的受力向前下方，球沿直线方向落到对方网前。训练方法同反手击高远球。

（四）反手扣杀球

动作方法与反手击高球相同。不同之处是击球前的挥拍要用力，身体反弓加上手臂、手腕的延伸、外展，可向对方的直线或对角线的下方用力，击球瞬间球拍面与扣杀球方向的水平夹角小于 90°。训练方法同反手击高远球。

（五）结合多球练习反手高、平高、吊、杀动作

强调高、平高、吊、杀动作的一致性，即在准备、引拍、挥拍到击球前期动作的一致性。只是在击球的瞬间有所不同：其一是击球点不同，反手击高远球是在右侧后上方；平高球与高远球相同，吊球比高球的击球点靠后，杀球比吊球更靠后；其二，高球是以肩关节为轴，大臂带动小臂，小臂带动手腕，向前上方用力击球。平高球是用手腕向前击球。扣杀球也是以肩关节为轴，大臂带动小臂，小臂带动手腕，但更强调手腕积极向前下方重压。吊球则是以肘关节为轴，手腕积极下压，切削球托的右侧后下部。

第四节 网前技术训练的方法和目标

羽毛球网前技术是体现动作表现一致性的最有代表性的技术。我们常在国际羽毛

球比赛中,为优秀羽毛球运动员表现出的网前技术而倾倒。这得益于其扎实的网前基本技术。因此,对于初学者来说,或在羽毛球学习启蒙阶段,规范网前技术动作极其重要。

网前技术(前场技术)分正手和反手两种,主要有网前挑球、放网前球、网前搓球、网前推球、网前勾球及网前扑球等。

1. 正手网前技术主要环节

(1) 准备动作:右侧身对正手网前,右脚在前。

(2) 引拍:膝微屈,前脚掌着地,右手握拍于体前。朝来球向前跨一步,提高身体重心,前臂要往前上方举,球拍前伸,稍上仰,斜对网,迎着来球。这一击球前的动作是正手放、搓、勾、推一致性的体现。

(3) 击球。

(4) 随球动作:击球后前脚回动并收拍于体前,还原成放松的正手握拍形式。

2. 反手网前技术主要环节

(1) 准备动作:左侧身对反手网前,反手握拍于左体侧,右脚在前,膝微屈,前脚掌着地。

(2) 引拍:反手握拍法,稍展、屈腕。朝来球向前跨一步,提高身体重心,大拇指向前捻动,大拇指以最舒适的位置贴近球拍面宽的一边。这一击球前的动作是反手放、搓、勾、推一致性的体现。

(3) 击球。

(4) 随球动作:击球后前脚回动并收拍于体前,还原成放松的正手握拍形式。

3. 训练方法

(1) 单人多球练习:主要方式有自抛打球,单人对墙抽球练习,单人多球发球练习等。

(2) 两人多球练习:一对一,一人送球,一人练习。这是多球训练最基本和运用最多的一种形式。例如:两人一组,一人站在发球线上,发后场高远球,10～15 个球重复发球。

(3) 三人多球练习,一对二,一人负责供球、两人练习,再进行交换。

(4) 四人及以上一组训练方法,主要是用于双打训练,两人喂球、两人轮转练习。

(5) 在多球训练基础之上,单个技术完成比较好的情况下,两人一组,可进行对打练习,以分钟计算时间。

一、网前挑球

(一) 正手挑球

准备动作:右侧身对正手网前,右脚在前。击球前前臂充分外旋,手腕尽量后伸。击球时,从右下向右前方至右脚前方挥拍击球。在此基础上,若球拍向右前上方挥动,挑出的是直线高球;若球拍向左前方挥动,挑出的则是对角高球。

(二) 反手挑球

准备动作:左侧身对反手网前,反手握拍于左体侧,右脚在前,膝微屈,前脚掌着地。击球前右臂往后拉引拍。击球时前臂充分内旋,手腕由屈至后伸,闪动挥拍击球。若球拍由左下向左前上方挥动,则球向直线方向飞行;若球拍由左下向右前上方挥动,则球向对角线方向飞行。

前场技术易出现的问题:手腕与手指运用不当,不是用力过猛,就是拍面控制不好,使击出的球离网太高、太远或落网;站位离网过近,妨碍了击球动作;击球前肘部过直。

训练方法及目标如下。

(1) 先讲解正手和反手挑球所需要技术的动作要领,同时讲解网前两边移动的步法。

(2) 按照技术的动作要领,持拍做好准备、引拍、挥拍、击球(还原)的基本练习。注意握拍要正确、合理,左右手、前后脚及转体等动作协调,在身体前方击球等规范要求。

(3) 徒手在场地进行步法训练,然后加挥拍进行步法训练。

(4) 用吊线球进行击球练习:将球系在5米以上吊线的下端,球的高度调至与练习者膝盖齐平的位置。用球拍向前方击球,模仿挑球击球动作。要求以完整的发球动作击吊线球,即吊线球击出后,立即摆出发球的准备姿势,包括左手的持球动作(假设),等待球回摆到一定的位置再按发球的要领击球,左手也要同时做好放球、回收动作。

(5) 多球式喂球或一对一陪练式喂球,让练习者结合步法移动到位击球。逐步提高要求,由定点击球先到移动到位击球再到网前两边移动击球。注意上网挑球时脚尖的方向。

(6) 结合正手吊球,两人各站一边,一人吊球,一人接吊挑球。

二、放网前球

(一) 正手放网前球

当对方将球击至自己正手网前时,以正手握拍法,用球拍轻轻切、托,让球向上弹起,恰好一过网就朝下坠落,其一般的动作是侧身向球的方向移动,上身稍前倾,右手握拍于体前。脚步移动的最后一步是右脚向来球方向跨大弓箭步,身体重心要提高,前臂伸向来球,要往前上方举,稍上仰,斜对网。争取高点击球,握拍放松稍收腕,向球托斜侧击或搓切。击球过程中左手要向后平举以协调动作。挥拍的力量和拍面角度的大小,主要取决于来球离网的远近和速度的快慢。来球离网远,速度快些,则放球的力量要大些,反之则力量要小些。放球后,身体动作还原至准备姿势。

(二)反手放网前球

击球前的动作要领同正手放网前球,只是方向相反。反手握拍,反面迎球,击球时,主要靠前臂的前伸、外旋和手腕由内收至外展的合力,轻击球托底部,将球轻送过网。击球后,还原成下次击球的准备姿势。

训练方法大致同网前挑球,在讲解网前球基本技术时应同时讲解吊上网技术所需要的步法。

三、网前搓球

(一)正手网前搓球

击球前,前臂稍外旋,手腕由后伸至稍内收,闪动。击球时在正手放网前球动作的基础上,加快挥拍速度,搓切来球的右下底部,使球旋转翻滚过网。

(二)反手网前搓球

击球前,前臂前伸外旋,手腕由内收至外展状。搓切球托的右侧后底部,使球侧旋翻滚过网。另外还可以前臂稍伸直,手腕由外展到内收,带动球拍向前切送,击球托的后底部,使球下旋翻滚过网。

训练方法大致同放网前球,再结合吊球时接吊者第一拍放网,吊球者上网搓球,接吊者挑高球,如此循环练习。

四、网前推球

(一)正手推直线球

站在网前,当球飞过来时,球拍向右侧前上举。在肘关节微屈回收时,前臂稍外旋,手腕稍后伸,球拍也随着往右稍下后摆,拍面正对来球。小指和无名指稍松开,使拍柄稍离开手掌鱼际肌。拇指和食指稍向外捻动拍柄,拍面变为后仰。

(二)正手推对角线球

推对角线技术的准备姿势和击球前的准备动作与推直线相同,但是击球时击球点在右肩前,要推击球托的右侧后部,使球沿对角线方向飞行。这时,手腕控制拍面角度,闪腕时手臂不要完全伸直。

（三）反手推直线球

在网前较高的击球点上，以反手握拍法，用推击的方法向对方底线击出弧度较平、速度较快的球。用反手握拍法，前臂伸时稍外旋，手腕由外展至伸直，闪动，中指、无名指和小指突然握紧拍柄，拇指顶压，往前挥拍，推击球托的左侧面。

（四）反手推对角线球

反手推对角线的击球动作基本与推直线相同，区别点是在击球一刹那要急速向右前方挥拍，推击球托的左侧后部，使球沿对角线方向飞行。

训练方法同网前挑球，但不用结合吊球，只要结合前后场步法。

五、网前勾球

（一）正手网前勾对角线球

勾球一般采用并步加蹬跨步上网的步法。在脚步移动的同时，球拍随着前臂往右前上方举起。前臂前伸的同时，稍有外旋，手腕微后伸，这时的握拍稍有变化——将拍柄稍向外捻动，使拇指贴在拍柄的宽面上，食指的第二指关节贴在与其相对的另一个宽面上，拍柄不触及掌心。击球时，靠前臂稍有内旋往左拉收，手腕由稍后伸至内收，球拍拨击球托的右侧下部，由手腕和手指控制拍面角度，击球后，球拍回收至胸前。

（二）反手网前勾对角线球

脚步移动的同时，手臂向左侧前方平举（注意手臂不要伸直，稍弯即可）。击球时，随着肘部下沉，前臂回收外旋，食指和拇指协调用力捻动拍柄，使拍面拨击球托的左侧后部，使球沿对角线过网，击球后，球拍回收至胸前。

训练方法同放网前球，再结合搓球、推球、勾球练习手法的一致性。

六、网前扑球

网前扑球是当来球在网顶上方时，能以最快的速度上网扑压来球的技术动作。扑球可分为正手扑球和反手扑球两种，其路线有直线、对角线和追身球三种。扑球在网前进攻技术中是威胁较大的一种技术。扑球的关键在于"快"。首先取决于判断，一经做出判断，即要求起动快并采用蹬跨步或跳步上网，同时出手快，抓住来球在最高点的机会出手，以迅雷不及掩耳之势解决战斗。

（一）正手网前扑球

身体腾空跃起或右脚蹬跨的同时，前臂往前上方举起，球拍正对来球方向。击球时，随着手臂由屈至伸，手腕由后伸至向前闪动及手指的顶压，将球扑下。其中手腕是控制力量的关键，挥拍距离短、动作小、爆发力强，扑击的球才会具有一定的威胁力。如果球离网顶较近，可采用滑动式扑球方式，用手腕从右向左将球压下去，这样可以避免球拍触网犯规。扑球后，注意腿上的缓冲，控制重心，以免身体触网。

（二）反手网前扑球

反手握拍，持于左侧前。当身体跃起或蹬跨上网时，球拍随前臂前伸而举起，手腕微屈，拇指顶压在拍柄宽面上，其他四指自然并拢，球拍面正对来球。击球时，手臂由屈至伸，手腕由外展至后伸并用力闪动，拇指顶压，加速挥拍扑击。击球后，球拍随手臂回收至体前。

扑球动作的常见错误如下。

（1）动作太大，挥拍时间长，因而不能及时把握时机，并且易出现触网犯规现象。

（2）手腕没有闪动动作，使球缺少向下的飞行趋势，容易造成底线出界。

（3）顾手不顾脚。扑球动作向前惯性大，初学者往往只注意手上的动作，而忽视击球后腿的缓冲动作，因而容易造成犯规。

训练方法同推球，在多球训练时注意球的高度。

综合网前技术两人隔网对练搓球或勾球；多球上网搓、勾、推、扑球练习；吊上网搓、推、勾、扑组合练习。

第五节　中半场技术训练的方法和目标

一、接杀挡直线网前球技术

该技术多用于接对方杀球。接球前用接杀球的步法移至右场区边线，身体右倾，手臂右伸，前臂外旋，手腕外展。击球时，前臂内旋稍翻腕，带动球拍由右下向前上方推送击球，将球挡回直线网前。也可以在击球时将前臂由外旋至内收，带动球拍由右向前切送挡回直线网前。击球后，身体左转成正面对网，然后右脚上前一步，球拍随身体向左转收至体前。

接杀球放网前球（以正手接杀为例）：侧身对右边网前，右脚跨前成弓箭步，重心在右脚上；右手持拍于右侧体前，约与肩同高，球拍面右边稍高，斜对网，左臂自然后伸，起平衡作用。击球前前臂稍外旋，手腕外展引拍至右侧前。击球时手腕稍内收，食指和拇指控制拍面和用力大小，轻切球托将球轻送过网。击球后，在身体重心复原的同时，收拍至胸前。

训练方法如下。

(1) 讲解中场挡直线网前球技术的手法和步法，同时讲解杀上网技术和步法。

(2) 在场上结合手法进行步法练习。

(3) 在单打线两侧摆放多个球，不拿球拍进行步法训练，移动到位后用手将球碰倒。

(4) 一对一扔多球接杀练习。

(5) 结合杀球，两人相互练习，一人杀球上网放网，一人接杀挡网。

(6) 结合高远球、吊球、杀球、挑球、放网、搓球、接杀挡网等进行全场球路练习。

接杀球时反应慢，接不到球的改进方法如下。

(1) 要训练接杀球准备姿势，做到屈膝低重心的灵活站位姿势，有利于起动。

(2) 陪练者杀球，练习者做接杀球练习，以训练反应速度和判断能力。

接杀球不过网的改进方法如下。

(1) 握拍要灵活，在触球时，应以手指控制使拍面后仰一些。

(2) 适当增加向前上方提拉的力量。

二、挑高球技术

（一）正手挑直线高球

当对方杀向右边线时，右脚向右侧跨出一大步到位。随脚步移动往右侧引拍，右臂稍向右后摆的同时稍带外旋，手臂后伸到最大限度，使球拍迅速后摆，紧接着右前臂急速向前摆动时略有外旋，手腕从后伸至伸直，闪动，这时，手肘起着"支点"作用，球拍面对准来球，击球托的中下部，使球向直线方向飞行。击球后，前臂内旋，球拍往体前上方挥动。

（二）反手挑直线高球

击球前，前臂内旋，手腕外展，引拍至左侧前。击球时，前臂急速往右前方挥摆，手腕由外展至后伸，闪动，握紧球拍，加上拇指的顶力，全速挥拍击球，使球向直线方向飞行，若向对角线方向挥拍，则球向对角线方向飞行。

训练方法大致同中场接杀挡直线网前球。

三、抽球技术

（一）正手平抽球

两脚平行站立稍宽于肩，右脚稍向右侧迈出一小步，同时上体稍往右侧倾，右臂向右侧上摆，球拍随着上举，肘关节保持一定角度。击球前肘关节前摆，前臂稍往后外旋，手腕稍外展至后伸，引拍至体后。击球时前臂内旋，手腕伸直，闪动，手指抓紧拍柄，球拍由右后往右前方高速平扫来球。

（二）反手平抽球

右脚前交叉在左侧前，重心在左脚上，右手反手握拍在左侧前。击球前肘部稍上抬，前臂内旋，手腕外展，引拍至左侧。击球时，在髋的右转带动下，前臂外旋，手腕由外展至伸直，闪动，挥拍击球托底部。击球后，球拍随身体的回动收回到右侧前。

训练方法大致同中场接杀挡直线网前球，练习时注意脚要随球移动，准备时球拍要拿起来。

四、快打技术

（一）正手快打

正手快打：两脚分开，右脚稍前，左脚在后，两膝弯曲呈半蹲式，正手西式握拍（虎口对宽面），举起球拍，球拍上举经过头顶，往头后引至右后侧下方，手握拍较松。当判断来球是在头顶上方时，身体稍往前移，同时左脚往前跨一小步，右脚稍微伸直，成左弓箭步，将击球点选在右肩的前上方。上臂向前上方抬起，肘弯曲，前臂稍后摆带外旋，引拍于头后。击球时前臂向前，手腕由后伸至前屈，闪动挥拍击球托的后部，使球平直、急速地飞向对方中场区的附近。击球后，球拍随势前盖，右脚往左前方迈一步，站在中线两侧稍偏后的位置上，球拍由左下回举至前上方，准备迎击下一次的来球。

（二）反手快打

右脚前交叉在左侧前，重心在左脚上，右手反手握拍在左侧前。当判断来球是在左场区，右前臂往左摆，身体稍向左转至右肩对网，左脚也往左侧迈一小步，前臂内旋，手腕外展引拍于左侧后。击球时，前臂外旋，手腕伸直，闪动，手指突然抓紧拍柄，前盖球托后部，使球比较平直地向前飞行。

训练方法大致同中场接杀挡直线网前球。

五、中场过渡吊球技术

(一)正手过渡吊球

正手过渡吊球一般用于双打技术中,球的落点在不到双打后场发球线的位置,在不能够正常打后场球的情况下可以使用。持拍手以肩为轴,球拍面向前,手腕向下压,带点进攻性,球速快。

训练方法如下:两人对练时,一人给球,创造中半场的球,另一人练习,回球要快,不能给对方扑球的机会。

(二)反手过渡吊球

反手过渡吊球一般用于双打技术中,一般在击球前做好准备姿势。持拍手以肩为轴,上臂带动前臂内旋回环引拍,向来球方向伸出,以反拍面对准来球,几乎没有击球前的预摆引拍动作,动作干脆果断,以拇指和食指控制球拍向前推送挡球。

训练方法如下:两人对练时,可以创造中半场的球,脚步也必须移动快。

第六节 双打发球技术训练的方法和目标

一、发球站位

(一)发球者靠近前发球线与中线交点

此种站位一般发反手前内角,此种站位的发球不易被对方扑击,但是不利于发平快球。

(二)发球者处在中线的中点

此种站位选择性多,可以发多种路线,但是由于球在空中飞行时间太长,对方有充足的时间做出反应。

(三)发球者远离中线

此种站位的发球多用于偷袭,只有在右场发后外角和左场反手发前外角时有一定的作用,如果反复使用,在对方有所防备的时候作用微乎其微。

二、发球跑位

(一) 前场短球

发球者完成发球后,必须立刻向发球的方向移动一步至两步。此时,发球者管辖的区域是网前,负责对方的放网前球和网前勾对角线球,队友负责中场和后场所有的球。

(二) 发后场高球

发球者完成发球后,立刻向自己的半区后退一步至两步,负责中路和对角路线的防守。队友在发球者完成发球后立刻向边线移动一步至两步,负责边线的防守。

三、技战术变化

(一) 发球方式和路线的变化

首先要结合不同方式的发球,网前要和后场配合,同时发球的弧度也要有变化,不要让对手摸清规律。但对于业余选手而言,稳定是第一要务,要是没有更好的技术或者战术作为支撑,那么最好的做法就是中规中矩将球发过去,保证不失误才是王道,要相信,在关键分的较量中,对手永远比你更紧张。

(二) 发球心理的变化

由于比分落后,或者对手杀球、扑击太凶,会造成发球者心理上的起伏,发球的质量会大幅下降,这时必须让自己稳定下来,稳定的最简单方法,就是在发球前适度延长出手时间,调整比赛节奏,观察对手的站位及心理变化的同时,自己也做出相应的变化。

(三) 发球节奏的变化

随着比赛的进行,球员往往会摸清发球者的发球技术和时机,这就要求发球者要掌握好发球技术、方式、时间的变化,偶尔偷一下后场,打乱一下对方的心理惯性,但,切忌常用。

发球之于比赛,相当于逢敌亮剑的起手式,当你站立于发球线的那一刻,你的眼神、姿态均是战术组成的一部分,是旁逸斜出剑走偏锋,还是大马长枪单刀直入,在出手之时就已定下基调。因此,切勿慌张,发球前切忌心浮气躁、投机取巧。要做到眼前只见利弊,身后再论输赢。

训练方法如下。

(1) 讲解双打发球的技术要领、站位及发球规则。

(2) 多球练习,注意发球的落点变化,结合网前球、平射球及平高球练习。

(3) 在场上进行实战练习,注意发球后第三拍的连贯及在场上的跑动。

第五章　羽毛球战术知识

第一节　羽毛球战术概述

一、羽毛球战术的含义

　　羽毛球战术是选手在比赛中为争取比赛胜利,充分发挥自己的竞技水平,根据对手的技术特点、体力和心理素质等因素采取的计谋和行动。

　　在羽毛球比赛中,双方都想要控制对手,力争主动权。以己之长,克彼之短,抑彼之长,避己之短,竞争是十分激烈的。能够根据不同对手的特点,采取相应变化的技术手段战而胜之,这便是战术的意义。因此,除了掌握一定的基本技术和具备一定的体能素质和心理素质外,学习一些羽毛球运动的基本单打和双打战术,能使选手在比赛中充分发挥技能,击败对手。

　　羽毛球比赛中得分或失分看起来似乎是通过某一技术动作实现的,事实上比赛中任何一项技术行动都是在战术意识的支配下完成的。羽毛球比赛的一个突出特点,就是竞赛双方为了争取主动权,总是一方面尽可能充分发挥出自己的优势,设法弥补自己的弱点;另一方面尽力去限制对方特长的发挥,并诱使对方暴露弱点,随即发起攻击,从而制胜。羽毛球比赛就是在这种进攻与防守、控制与反控制的意志、心理、技术和战术较量中进行的。

　　实战比赛中,在双方实力相当的情况下,正确地运用战术,适时地抓住战机,对夺取比赛的最后胜利具有极其重要的意义。

二、羽毛球战术要求

（一）调动对方位置

对方一般站在场地中心位置,全面照顾各个角落,以便回击各种来球。如果将他调离中心位置,其场区就会出现空当,这种空当就成了我们进攻的目标。

（二）迫使对方击出中后场高球

以平高球、劈杀、劈吊或网前搓球等技术造成对方还击的困难,迫使对方击来的高球不能到达自己场区的底线,同时增加自己大力扣杀和网前扑杀的力度,给对方以致命的一击。

（三）使对方重心失去控制

利用重复球或假动作打乱对方的步法,使对方重心失去控制,来不及还击或延误击球时间而回球质量差,造成被动。

（四）消耗对方体力

控制球的落点,最大限度地利用整个场地,把球击到场地的四个角上或离对手最远的地方,使对手在每一次回球时尽量消耗体力。在争夺一球时,也应该以多拍调动对手,让对手多跑动。多做无效的杀球,当对手体力不支时,再进攻。

三、我国羽毛球技术风格与战术指导思想

（一）我国羽毛球运动的技术风格

我国羽毛球运动的技术风格是"快(快速)、狠(凶狠)、准(准确)、活(灵活)"。

快:意识上强调判断、反应快。步法上要求起动、移动、制动、回动快。手法上要求出手动作快,击球点高而前。战术上力争突击进攻快,防守反攻快,战术变化快。

狠:进攻点多、凶狠凌厉,落点刁钻,抓住有利时机突击,连续进攻或一拍解决战斗。

准:落点准,战机抓得准,在快速多变中准确掌握技术并运用自如,有多拍控制能力。

活:握拍活,站位活,步法活,战术变化机动灵活。

"快"是第一位的,"狠、准、活"都应建立在快速的基础之上,它们是并列的,在理解上不应该有前后轻重的区分。在具体的贯彻过程中,应根据羽毛球运动发展不同时期的条件和运动员个人不同发展阶段与打法的特点,在全面发展的基础上有所侧重。

（二）我国羽毛球战术的指导思想

我国羽毛球战术的指导思想是"以我为主、以快为主、以攻为主"。

以我为主：不受或尽可能少受对方影响，积极施展自己的特长技术和打法，压制对方技术的发挥，掌握赛场上的主动权。

以快为主：在手法上、步法上、意识上都要抢时间、争速度，才能抓住有利时机控制场上的主动权。同时也要善于根据战术变化的需要，把握快慢节奏的转换，使快速进攻收到更好的效果。

以攻为主：进攻是得分的最好手段，任何时候都要将进攻放在首位。同时，也强调要能攻善守，在防守时仍要以各种球路变化来积极地转守为攻。即在拟订战术时，要强调进攻的主导思想。在防守时也要强调积极防守。

第二节 羽毛球基本战术

一、单打的基本战术

（一）发球抢攻战术

根据对方的站位、反击能力、接发球路线和当时的思想状态等因素，有目的、有意识地采用多变的发球，争取从发球开始就掌握场上的主动权，为自己创造进攻机会。这种战术用于对付经验不足和防守能力较弱的选手比较有效。特别是当比赛进入关键时刻、比分出现相持状况时，通过打破常规，突然改变发球方式，形成发球抢攻之势，陷对方于被动，可有效地打破僵局。这种战术一般以发网前球、平射球和后场高远球为主，争取第三拍的主动权。

1. 发网前球

发球前观察对方的站位，如果对方站位稍偏后场，通过发网前球迫使对方挑球、推球或出现接发球下网现象。如果对方在接发球的时候反应和移动稍慢，其接发球的质量就可能不高，这时可通过扑杀或快速平推底线两角，造成对方失误。

2. 发平射球

如果对方接发球员的技术水平较差或反应比较慢的话，在发球的时候可以对准接发球员的身体发平射球，使接发球员在接球时来不及移动，或不习惯打追身球而匆忙被动回球,造成我方伺机杀球或上网扑球的机会。

3. 发后场高远球

发球前观察对方的站位,如果对方站位稍靠前场的话,通过发后场高远球将球打到对方的后场底线,迫使对方匆忙后退,回球不到位,我方伺机进行杀球或吊球,致使对方出现失误现象。

运用发球抢攻战术时,应注意观察对方接发球的注意力。当对方注意力高度集中时,可适当放缓发球,待对方注意力的"最佳点"下降后再将球发出。若对方接发球注意力不太集中,则可迅速发球,使其接发球被动。同时,需注意发球的落点及出球的弧度要合理。

(二)接发球抢攻战术

接发球抢攻战术是接发球战术中较易得分、较有威胁力的一种战术,但是,前提是对方在发球时质量欠佳,如发高球时落点不到位,发前场区球过网时过高,发平射球时速度不快、角度不佳,发平高球时节奏、落点、弧度不佳等,都会造成接发球抢攻的机会。

离开了这一前提条件而盲目地进行抢攻,效果就差,成功率就低。除此以外,还要有积极的、大胆的抢攻意识。要获得抢攻战术的成功(得分)还得考虑自己的技术特点和身体条件,同时结合对方的技术特点、身体条件和心理素质。

例如,若对方从右场区发一平高球落点欠佳,已造成我方发动抢攻的极好时机,应如何组织抢攻才能奏效呢?

首先要在瞬间分析和判断对方发平高球不到位是有目的的呢,还是发球控制不好所造成的。如是有目的的,那要谨慎,不能随便进攻,要控制好自己的身体重心,进攻后要能控制全场,特别是在前场区时,如发球控制不好,则要果断大胆抢攻。在抢攻时,除了要运用自己最擅长的技术外,还要考虑对方的弱点和优点,来组织抢攻战术。

抢攻战术的完成,要由两三拍抢攻球路的组织才能奏效。一旦发动抢攻,就要加快速度,扩大控制面,抓住对方的弱点或习惯路线一攻到底,一气呵成完成一个组合。

(三)拉吊突击进攻战术

这种战术是利用快速的平高球、吊球、杀球和网前搓、推、勾球,准确地将球击到对方场区的后场底线两角和前场网前两角四个点上。其特点是通过多拍快速拉开调动对方,使其前后左右来回大范围奔跑。在双方控制与反控制较量过程中,一旦对方出现回球质量不高或偏离中心位置时,我方即可抓住机会,寻其空当部位突击进攻。

因此,运用这种战术时击球的落点角度要大,速度要快,充分调动对方使其最大限度地移动,抓住机会进行快速突击,以取得较好的战术效果。

根据对手特点,可采用不同的拉吊路线。

(1)如果对方的灵活性较差,跑动、转动较慢,那么拉吊时可多采用小对角线球路,加大对方接球的难度,迫使其身体重心不稳而失误。

例如,对于在反手网前勾对角后,正手后场往往会出现空当,此时似乎应推直线(因此位置距离最远)。然而,如果此时运用推对角后场,距离虽然看起来近一些,但对方击球时却需要转动身体,用头顶击球,这对于身体灵活性较差和跑动、转动慢的选手来说,就加大了移动难度,接球也就更加困难。

(2)如果对方是步法好、身体较灵活且移动快的选手,他出球后回中心位置很快,则应选择重复路线的球,或使用假动作以破坏对方的步法节奏,增加其回球难度,使其起动、移动不舒畅,以削弱其前后场快速移动的优势。

(3)如果对手脚步移动慢,则可采用快速拉前、后场大对角路线的战术,即通过不断快速拉开以调动对方,迫使其出现空当,伺机突击。

(四)守中反攻战术

如果我方的防守能力好,足以抵挡对方的进攻,而对方又喜欢盲目进攻且体力较差,这种情况下可选守中反攻战术。这是一种后发制人的战术。通过将各种来球回击至对方后场,诱使对方发起进攻,在对方只顾进攻而疏于防守时,我方即可采取突击反攻。或当对方疲于进攻、体力耗尽、速度减慢时我方再发起进攻。

其特点是通过高球、推球和适当的吊球、搓球、勾球等各种球路变化,与对手展开持久的抗衡,逼迫对方急躁出手,诱使对方产生失误,或当对方陷于被动、进攻质量稍差时,我方即可抓住有利时机进行反攻。

(五)下压进攻控制网前战术

这种战术是先发制人,以快速、凶狠、凌厉的进攻,从速度、力量上压住对方,速战速决。其特点是先以速度、力量不同的吊球、劈球、点杀球、轻杀球、重杀球将球下压,创造机会上网,以搓球、推球、勾球控制网前,将对方的注意力吸引至网前,再配合以平高球突击对方底线,创造中后场的进攻机会,再全力发起进攻。这种战术对付身材高大、脚步移动慢、网前出手慢、接下手球吃力的选手较有效。

通常可以直线长杀、对角点杀和劈杀上网,搓球、推球、勾球控制网前,或通过中后场的重杀、轻杀,创造网前机会,便于上网控制。实战中,当来球质量不高,在中后半场时,我方应采用重杀。若对方来球质量很好,则可采用轻杀,以保持稳定的身体重心,通过下一个球上网控制网前。

(六)压底线战术

反复用快速的高球、平高球、推球击至对方底线附近,特别是反手后场区域,造成对方被动,当对方注意力集中在后场时,再以快吊或突击点杀进攻其前场空当。此种战术对付初学羽毛球的选手较有效,因为初学者一般技术不熟练,特别是左后场的还击能力差,进攻后场往往很奏效。

(1) 第一拍发后场边线高远球,重复两次直线平高球后,突然扣杀对角线或吊对角线;例如,第一拍发左场区3号区高远球,第二拍对方回直线高远球,第三拍用平高球成功地重复压左后场底线一角,第四拍对方被动回直线高远球,第五拍即可杀球或吊对角线球。

(2) 对付急于上网和后退步法起动和移动较慢的对手:通过反复多次的平高球压对方至后场,在其注意力集中到后场时再以快吊或扣杀进攻其前半场。

(七) 逼反手战术

逼反手战术是在发现对手后场反手击球的进攻性不强,反手回球的能力比较弱,球路也比较简单的时候,通过调动对手,使对手反手区出现空当,然后将球打到其反手区,逼迫其使用反拍回击球。

例如,通过吊对方正手网前,再以平高球攻击其反手区,经过重复逼反手区后迫使对方远离球场中心位置,然后突然吊对角网前球,致使对方出现失误。

(八) 单打进攻战术的应变

1. 发球抢攻战术的应变

发球抢攻是比赛的重要得分手段。可根据对手的站位,回击球的习惯路线、反击能力、打法特点、精神和心理状态等,运用不同的发球方法,以取得前几拍的主动权。通过这一战术的运用,打乱对方的整个战略部署,造成对方措手不及。特别是在关键时刻,运用发球抢攻战术能达到不同的效果:在相持时可以用它来打开僵持的局面,力争主动;领先时可以用它来乘胜追击,一鼓作气战胜对手;落后时可以用它来做最后的拼搏,力挽狂澜,反败为胜。

(1) 发前场区球抢攻战术。

发前场区球有发1号区和1、2号区之间及追身球三种。

发前场区球的目的:主要是限制对方马上进行攻击。另外,通过准确、有意识地判断对方的回击路线,组织和发动快速、强有力的抢攻,达到直接得分或获得第二次攻击的机会。

(2) 发平高球抢攻战术。

发平高球有发3号区、4号区及发3、4号区之间三种。

发平高球抢攻战术和发前场区球抢攻战术的不同点在于发前场区球抢攻可直接抓住战机进行抢攻,而发平高球抢攻则要通过守中反攻才能获得抢攻的机会。

发平高球的目的:一是配合发前场区球抢攻;二是让对手进行盲目进攻或在我方判断的范围之中进攻,使发球方能从防守快速转入进攻;三是造成对方由于失去控制而直接失误。

（3）发平射球抢攻战术。

发平射球主要是发 3 号区球。

发平射球的目的：一是偷袭，如对方反应慢，或站位偏边线，3 号区空当大时，偷袭 3 号区成功率可能大；二是逼对方采用平抽快打的打法；三是把对方逼至后场区而造成网前区的空当。

				2		4	
				5		6	
				1		3	
	3		1				
	6		5				
	4		2				

2. 接发球抢攻战术的应变

接发球抢攻是比赛的重要得分手段。可以根据对手的站位，回击球的习惯路线、反击能力、打法特点、精神和心理状态等情况，运用不同的发球方法，以取得前几拍的主动权。运用发球抢攻的战术可以打破对方的节奏，使得对方措手不及，力争主动权。

3. 单个技术的进攻战术应变

（1）重复平高球进攻战术。

这种战术的特点是以重复平高球进攻对方同一个后场区，甚至可连续重复数拍，以求达到置对方于死地或逼对方击出一半场高球，以利于我方进行最后一击。这种战术对回动上网快、控制底线球能力差以及侧身步法差的对手很有效果。

（2）拉开两边平高球进攻战术。

这是使用平高球或挑球连续攻击对方两边后场底线，以求获得主动权，或逼对方转为被动，以利于我方最后一击的战术。采用这种战术，要求击球方能控制高球的出手速度，击球的准确性和动作的一致性等都比较好。这种战术对回动上网快，两底线攻击能力较弱的对手是很有效的。

（3）重复吊球战术。

这种战术的特点是重复吊两边或吊一边，以求获得主动进攻权。这种战术要求我方吊球技术较好，对于对方上网步法差，或对方找底线球不到位，而急于后退去防守我方的杀球者最为有效。

（4）慢吊（软吊）结合快吊（劈吊）战术。

慢吊（软吊）是指从后场吊球至网前的速度较慢，且弧度较大，落点离网较近的技术。采用这种技术结合平高球是为了达到拉开对方站位的目的，有时也可得分。

快吊（劈吊）是指从后场吊球至网前的速度较快，出球基本成一直线，落点离网较远的技术。慢吊结合快吊是当对方站位被拉开，而身体重心失去控制的一瞬间，所采用的一种战术。

(5) 重复杀球进攻战术。

当遇上一位防守时习惯反拉后场球的对手时,就可采用重复杀球进攻战术。采用这种战术首先要了解对手的这一情况,然后先运用轻杀或短杀,此时,我方不能急于上网,而要调整好自己的位置,以利于采用重复杀球的战术。

(6) 长杀结合短杀(点杀、劈杀)的进攻战术。

长杀结合短杀(点杀、劈杀)战术,概括地说,就是"直线长杀,对角短杀"。它比直线短杀结合对角长杀效果更好。因为"直线长杀结合对角短杀"造成对方接杀时,需要移动的距离比较远,增加了防守的难度。

(7) 重杀与轻杀的进攻战术。

半场重杀、后场轻杀是对这一战术的概括。当我方通过拉吊创造出半场球的机会时,应该采用重杀战术。反之,如果球在后场,我方还想杀球时,一般多用轻杀。因为半场球用重杀,哪怕是身体失去重心,也不至于造成控制不了网前的局面。但是,如果在后场采用重杀,万一身体失去重心,上网慢了就控制不住网前,而轻杀可使自己保持较好的身体重心位置,以利于下一步控制网前。

(8) 重复搓球进攻战术。

当碰到对方上网搓球之后习惯很快退后的对手时,我方就可采用重复搓球的战术,达到获得主动的机会及破坏对方后退进攻的意图。

(9) 重复推球进攻战术。

当碰到对方从后场拦网前球之后迅速回动至中心的对手时,我方就可采用重复推球的战术,特别是反手网前推直线球威胁更大。

(10) 两边勾球进攻战术。

当我方从网前勾对角线球,对方回搓一直线网前球并退后想进攻时,我方可以再勾对角线球。运用这一战术来对付转体差的对手时效果更好。

4. 以路线和区域组成进攻战术的应变

(1) 对角路线的进攻战术。

采用这种战术的原则就是无论采用什么技术,都以对角路线回击。特别是当对方打直线球时,我方以对角路线回击之,对转体差或慢的对手是很有效的一种进攻战术。当然,采用这种战术不能太死板,一旦被对方发现规律,易产生不利于自己的局面。

(2) 三角路线的进攻战术。

采用这种战术的原则就是当对方回击直线球时,我方就打对角线球,反之,当对方回击对角线球时,我方就打直线球。这种战术的特点是可以使对方移动的距离较远,难度较大。只要能准确地判断对方回球的路线,采用"三角路线"是一种较有效的进攻战术。

(3) 攻后场反手区的进攻战术。

针对对方反手区有较大的弱点,如侧身步法差,回击头顶球之后位置易被拉开,反拍技术较差,头顶区球路对我方构不成太大的威胁等,采用攻后场反手区进攻战术的成功率就会较高。

(4) 攻后场正手区的进攻战术。

针对对方后场正手区有较大的弱点,如正手侧身步法差、回击正手区球后位置易被拉开、正手区的球路对我方构不成太大的威胁等,采用此战术效果较好。

(5) 攻后场两边的进攻战术。

针对对方后场两边有较大的弱点,如后退慢,后场手法差,进攻能力和防守能力都较弱等,采用重复压对方两底线战术效果较好。

(6) 攻前场区的进攻战术。

针对对方前场区较弱,如上网慢,步法有缺陷,前场手法差等,采用这一战术效果较好。

5. 单打防守战术的应变

防守战术的原则是"积极防守""守中反攻",而不是"消极防守"。因此要达到这种目标,就要在自己处于防守的被动情况下,通过调整战术来化解对方的攻势、夺回失去的主动权。这就必须具备较好的防守能力(包法手法、步法),如较好的回击后场高远球的能力。起动快、反应快、步法到位,有较好的反挡底线的能力、勾对角线球的能力、挡及反抽的能力等,才能运用"守中反攻"和"积极防守"的战术。

(1) 打两底线高远球的防守战术。

打两底线平高球属于进攻战术,而打两底线高远球属于防守战术。打平高球与打高远球分别作为进攻与防守时使用的技术,在使用时一定不能混淆。防守时只能使用高远球,如用平高球进行防守,不仅不能达到很好的防守目的,反而增加了防守的难度,反之,不能将打高远球作为进攻战术。

(2) 采用勾对角结合挡直线网前或半场球的防守战术。

在防守中采用勾对角网前球战术是很有效果的,如再结合挡直线网前球就使防守战术更灵活多变,对对方更有威胁性。当然,这需要能准确判断对方来球的落点,反应到位,并具有灵活多变的手法,才能打出勾对角结合挡直线网前的球,达到"守中反攻"的目的。

二、双打的基本战术

采用双打战术的目的就是设法给对手制造混乱,调动对手,使其出现漏洞,或由于位置错乱、失误引起争吵,出现漏接等现象。双打比单打每方增加一名队员,而场地宽度仅增加92厘米,接发球区还比单打缩短了76厘米。因此双打从发球开始就形成短兵相接的局面。由于进攻和防守都加强了,这就更加要求运动员技术全面,能攻善守,反应灵敏。特别是对发球、接发球、平抽、挡、封网、扑、连续扣杀、接杀挑高球及防守反击等诸多技术,要求更高。两名队员配合默契、相互信任,打法上攻守衔接,站位轮转协调一致,是打好双打的关键。

(一)攻中路战术

当对方在防守状态下左右分边站位时,我方进攻要尽可能地将球攻到对方两人之间的中场空当区域,造成对方两人抢击球发生碰撞,或相互让球出现漏接失误。这是对付配合不默契对手的有效战术。

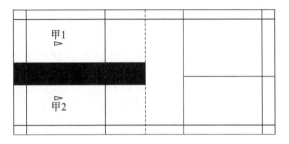

攻半场战术是攻中路战术的另一种形式,当对方处于进攻状态下,两人前后站位时,可将球回击到对方中场两人前后之间、靠近边线的位置上,这样也能造成对方抢接或漏接现象。

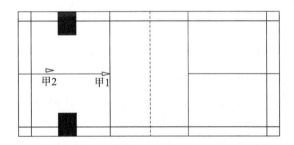

(二)攻人战术

双打组合选手,若两人中有一人技术水平稍差,集中力量盯住技术水平差者打,不让其有调整的机会,这叫攻人战术。运用这种战术时,如果对方已经意识到我方的战术意图,加强了对技术水平差者的保护,可采用先盯住技术水平差者攻几拍,然后突然改攻强者的战术。由于强者为保护技术水平差者,已将注意力集中在技术水平差者身上,此时再突然转攻强者,反而会奏效。

攻人战术也可采用先集中力量对付强者,消耗其体力,削弱其战斗力,然后再伺机进攻技术水平差者,或采用突击其空当的战术。

总之,战术的运用不是一成不变的,必须根据当时的情形灵活运用,方能奏效。

(三)后杀前封战术

后杀前封战术是双打中最常见的进攻战术。当我方处于主动状态,进行强攻时,一名选手在后场大力杀球进攻,另一名选手在网前努力封堵对方回击的球。后场选手进攻时要注意球的落点位置,前场选手封网时应根据对方回球习惯,积极地、有意识地、有准备地封堵对方的出球路线,避免消极地等待。一般情况下,当后场选手杀大对角线、中路、小斜线或采用攻人战术时,前场封网选手都应将判断来球的重点放在封住对方的直线球上。

(四)守中反攻战术

这是对付后场进攻能力差或消耗对方体力而采用的一种后发制人的战术。通过拉后场底线两角诱使对方在左右移动中进攻,我方在防守中伺机进行反攻。运用这种战术的前提条件是必须具备一定的防守能力,能守住对方的进攻才能有反攻的机会。

1. 挑或推两底线

防守中若对方是杀球,我方在接杀时把球挑回对方底线:对方杀直线,我方就挑斜线;对方杀斜线,我方就挑直线。如果对方是吊球,我方采用同样的方法,能推则推,不能推就挑,使对方的进攻者在底线两角来回奔跑,消耗其体力,迫使对方放弃进攻,然后我方伺机反攻。

2. 压两底线伺机反抽

通过挑高球或平推球压对方两底线,但要注意对方杀球的质量,一旦抓住质量较差的杀球(慢、弧度较平),要用平抽球反击对手底线,对方如杀直线我方要抽斜线,对方如杀斜线我方就抽直线,随之两人准备好迎击对方回击的平抽球,这样就能由被动变成对攻形势。如果对方接我方的平抽球时不还击平抽球而是回底线或挡网前,我方可以由一左一右的防守站位形式转换成进攻的一前一后站位形式,并猛攻对方空当和弱点。

3. 接杀球或吊球放网前

防守时反复压对方两底线,会使对方站在网前封网的队员思想放松而封网不紧,此时要抓住机会接杀球或吊球放网前,并迅速封网,由防守的一左一右站位形式转换成进攻的一前一后站位形式,积极主动攻击对方。

(五)软硬结合战术

采用这种战术的原则就是通过吊网前或推半场等球路,使球向下飞行,创造机会,迫使对方挑起高球,被动防守。在进攻过程中,如不能成功,可通过吊网前或是推半场等球路,以待对方挑球质量不高时,再次发起进攻。运用这种战术时,进攻的对象通常是对方上网接球、匆忙后退的那名选手。

在对方防守位置很好、回球质量很高的情况下,组织进攻应采用以打落点为主的软杀、点杀技术,以直线小对角路线杀球、大对角斜线进攻。创造机会,迫使对方回球质量不高,再大力扣杀,强攻。

（六）羽毛球双打战术运用的原则

（1）必须坚持"以我为主""以快为主""以攻为主"的指导思想。

（2）由于是两人在场上的默契行动，因此，相互间的战术配合至关重要，双打战术的默契配合犹如"两人三条腿走路"一样。

（3）赛前必须通过各种途径获取对手各种信息，做到知己知彼，方能百战不殆。

（4）为了使战术发挥正常，两人在技术上要互相信任和勉励。

（5）必须善于察言观色，及时发现对方的战术意图，并随机应变采用各种战术，达到战胜对手的目的。

（6）必须发扬敢打敢拼的战斗作风，才能使运用的战术取得应有的效果。

三、混合双打的基本战术

混合双打是由一名男选手和一名女选手搭配组成的双打，基本技战术同双打很相似，但由于女选手一般在技术、速度、力量等方面都要比男选手差一些，往往是被攻击的对象，所以在具体运用战术的方式上与双打有些不同的地方，突出表现在以下两点。

一是站位与双打不同。混合双打女选手攻击力较男选手弱，主要站前场，负责封住网前小球，而男选手能力较强，负责中后场的大范围区域，形成男选手在后、女选手在前的基本进攻队形。男选手发球时站位要较双打后移至中场附近，此时女选手应站在前发球线附近。发球后，男选手立即准备守住中后场，女选手则立即准备封住前半场。

左右站位时，无论女选手在左半区还是右半区，往往是只负责守住靠近边线的三分之一区域，而将场区的大部分区域留给男选手，这样女选手防守范围小，防守起来也相对容易些。

二是女选手往往是被攻击的目标。进攻时通常都围攻女选手，防守时也设法将女选手调至后场，使其左右两角奔跑，不但消耗其体力，而且还削弱了男选手的后场进攻威力。相反，被攻击的女选手可采用回击对角线球来限制对方强有力的进攻。由于对角路线相对直线距离稍长，因此击球威胁相对直线要小些。同时，当女选手击对角线球时，男选手处于直线位置，便于防守。

第三节 羽毛球的打法类型及技战术特点

打法是对比赛中运用某种相对固定和重复出现的技战术组合方式的描述。每个或每对运动员都应根据自己的技术特长、身体素质特点和意志品质等条件,培养形成自己的特定打法。

在多种打法中可运用不同的技术手段,而又有基本相同的战术目的。将这些技战术组合方式归纳为一个类别,称为某种打法类型。

一、单打的打法分类及技战术特点

（一）快速高吊结合突击的打法类型

这种打法要求选手积极主动、技术全面、熟练准确,有突击能力,控制与反控制能力强,战术变化灵活,手法一致性和突变性强,步法快、灵活,耐力好。

技战术特点:运用快速、准确的平高球和吊球的配合,控制其落点,进行多拍调动,当对方回球质量不高时,抓准机会突击扣杀。

（二）变速突击的打法类型

这种打法是在高吊结合突击打法基础上的发展,强调变速进攻。要求选手手法一致性和突变性强,尤其是后场突击扣杀的动作要小而爆发力要强,能在后场抢点起跳和在前场蹬跳。在意识上强调判断起动、抢点击球、落点刁钻。

技战术特点:通过自身加速,争取突击进攻的机会。通常是高、吊配合,高、杀配合,结合判断,抢点突击,或推、搓以后的后退加速起跳突击。

（三）下压控网进攻的打法类型

这种打法是先发制人,攻势凌厉,速战速决。要求选手进攻快而准,出手快,击球点高,扣杀力大,脚步移动快,弹跳能力强,善于用小步加蹬跨步、蹬跳步。它包括杀、吊上网打法、发球抢攻打法、下压组攻打法等几种打法。

技战术特点:以发球抢攻为主,特别是发网前低球结合发平快球、平高球,迫使对方回球向上,然后通过大力扣杀或吊、轻杀、劈杀的配合,紧接着上网控制网前,运用搓、推、扑、勾技术,再创造中后场的进攻,尽量使球下压。当然该打法还必须配合平高球的运用。

（四）守中反攻的打法类型

这种打法是以守为主,后发制人。要求选手步法更快、灵活,反应要快,心理稳定性强,球的稳定性要好,具有很强的防守能力。这类打法还包括多拍高吊的打法。

技战术特点:通过高吊球的配合,调动控制对方底线,并利用防守的球路变化,消耗对方体力,利用对方的急躁心理造成对方失误,当对方陷于被动或进攻质量稍差时,及时抓住有利战机进行反击。由于反击得及时、快速、凶狠,往往对方措手不及。

二、双打的打法分类及技战术特点

（一）前半场组攻的打法类型

这种打法非常强调前半场的作用，它是通过控制前半场来组织进攻。要求选手判断快、反应快、抢位跟进快、前半场出手快、击球点高、紧封挡压、落点刁钻，力争在前半场解决战斗。

技战术特点：通过发球、接发球和前半场的快打、高打、软打的控制组织进攻，强调前场出球质量和落点要求。

（二）推压底线组攻的打法类型

这种打法具有硬、压的特点，控制对方的中后场，并组织进攻。要求选手中前场的击球点高，击球动作小而有力，强调推、抽、压技术的运用。

技战术特点：通过硬打、快速平推或抽压两边底线，使之形成平抽快攻的局面或创造后攻前封的进攻机会。

（三）攻守型的打法类型

这种打法是守中反攻打法的发展，要求选手技术全面、熟练，能攻善守，攻中有防，防中转攻，抓准机会一攻到底，所以除了掌握较好的防守技术外，还强调要有较强的防守反击能力和较有威胁的后场多点配合的连续进攻能力。

技战术特点：通过拉开后场两底线以及防守反击组织进攻，后场进攻有一定的威胁力，通常是杀、吊球的配合，并注意扣杀的轻重和落点的变化。

第四节　羽毛球的打法选择

一、需要考虑的自身因素

选择羽毛球的打法需要注意自身的以下几个因素。

（一）身体条件

一般来讲，身材的高矮、力量的大小、体力的好差等，都可影响到打法的选择。例如，身材较高、力量较大者可以攻击性较强的后场下压的打法为主;身材不高,但体力好、身体较灵活者可以守中反攻的打法为主。

(二)技术掌握情况

基本技术掌握较全面、攻守技术较佳者,可以快拉快吊打法为主;杀球技术掌握得很好,且杀球有力、落点控制较好,网前技术也不错者,则以后场下压、上网控制网前的打法为主;控球的能力较强,且有耐心者,则可选择打四方球;防守技术掌握得很好,且脚步灵活、移动快,则可以守中反攻的打法为主。

(三)性格和气质特点

性格属外向型,且气质类型又为胆汁质者,较适合于选择全攻型的打法;性格内向,气质类型又为黏液质者,宜选择打四方球或守中反攻的打法;性格属中间型,气质类型为多血质和黏液质混合型者,则宜选择攻守俱全的快拉快吊的打法。

另外,还应针对不同的对手采用不同的打法,以扬己之长,克彼之短。

二、选择依据

选择羽毛球打法的依据如下。

(一)本人的技术和素质水平

身体素质是技战术的基础,而技术又是战术的基础。只有具有扎实、全面技术基础的队员,才能掌握和应用复杂的高级战术。

(二)根据个性特点选择

由于每个队员所属地区、民族、打法风格、习惯和传统各不相同,在选择打法时要全面考虑。

(三)对方的适应程度

羽毛球比赛时双方都会运用战术,发挥自己的长处去攻击对方,隐蔽自己的短处不受对方攻击,从而达到争取主动、获得胜利的目的。运用战术时要从各种反馈信息中获得对方的适应程度,并以此来调整战术。战术的变化要走在对方的前头,对方的不适应就是我们的选择。

(四)考虑打法的发展和变化

打法是不断发展和变化的,在选择打法时要考虑打法的发展、变化,也就是要根据对手的情况来选择打法。

　　以上各因素及依据,对选择打法的影响并不是单一的、孤立的,更不是绝对的,它们互相适应,互为补充:个子较高但性格内向者,可选择防守型的打法;个子虽不高,但弹跳力强、脚步灵活、移动快、杀球技术好且性格外向者,选择攻击型的打法常能获得主动权。总之,选择的打法类型应倾向于使自己的长处都能充分发挥,切不可不顾自身特点,更不能机械地模仿别人。

第六章 羽毛球体能训练

第一节 羽毛球训练的原则

一、科学性原则

在当今体育竞技时代,任何体育运动训练都要遵循科学性原则。身体训练不能盲目进行,它要遵循人体规律,不科学的训练容易增加运动员受伤的风险。随着科学技术的进步,运动训练越来越依赖先进技术的支持,科学技术可以更好、更准确地反映运动员的训练水平,分析运动员训练中存在的问题,帮助运动员有针对性地提高竞技水平。在羽毛球运动中,通过使用高科技的录像分析软件,可以揭示选手的身体肌肉的发力情况,以及击球时的身体轨迹,它能够帮助选手改进训练方法。

二、循序渐进原则

罗马不是一日建成的,同样,运动员的竞技水平也不是一朝一夕就能迅速提高的,需要循序渐进,不断积累,才能由量变发生质变。在羽毛球体能训练中,运动量和强度的控制、身体机能的发展都要遵循循序渐进的原则。

三、体能训练设计与比赛需要一致原则

体能训练的设计应与该项目竞赛时表现出的各环节相一致,表达运动能力的设计应与该项目竞赛时的环境影响因素相一致。

四、全面性与专门性相结合原则

羽毛球选手的全面身体素质训练是指通过发展身体的速度、力量、耐力等素质使运动员打下全面的运动基础。专项素质训练是指运动员根据羽毛球运动的特点,运用专门的辅助性练习,发展羽毛球运动专项所需要的身体素质。全面身体素质训练是专项身体素质训练的基础,只有发展好一般体能,才能进一步开发专项体能。

第二节 羽毛球训练的内容

一、速度训练

速度训练包括反应速度、位移速度和动作速度训练三大类。速度是衡量羽毛球运动员体能水平的关键因素。

(一)反应速度的训练

反应速度是人体对各种刺激发生反应的快慢,是多项身体素质的综合体现。羽毛球选手在比赛中需要对不同的情况快速做出反应,这就需要提高选手的反应速度。教练要给队员不同的视觉刺激,让其在最短的时间内做出反应,从而跟上来球的速度,同时教练也要训练队员对于声音信号的反应速度。在双打比赛中会有队友的提示性语言,尽快处理队友给出的信号,有利于及时了解队友的站位和意图。具体的训练方法有以下几种。

(1)听口令的各种起跑——如站立、蹲式、背向跳起落下后马上起动。
(2)听哨音变速跑,快速冲跑10~15米。
(3)听口令变向跑——在快速移动中听到口令后突然变向冲跑10米。
(4)听口令快速转身跑,反复几次。
(5)听口令后突然做出相应的动作——如教练员喊1、2、3、4中某一个数字时,运动员应及时做出事先规定的相应动作。

(二)位移速度的训练

提高羽毛球选手的位移速度即脚步移动速度是打好羽毛球的关键。步法是羽毛球运动的灵魂,没有好的步法,再好的手上技术都是空谈,身体没有到位的击球都是勉强的击球,击出去的球质量自然会有所下降。具体的训练方法有以下几种。

(1) 各种距离(30米、50米、60米、100米、200米)的快速跑。

(2) 10~15米折返跑(要求快速转身)。

(3) 越过障碍的速度练习——以最快的速度穿越20米中若干个障碍物(球筒)。

(4) 前后跑——向前跑8米,后退跑8米。

(5) 四角跑——选边长约6米的正方形区域,要求在拐角处变换方向。

(6) 接力跑。

(三) 动作速度的训练

不少业余羽毛球运动爱好者初学时或许都有一种困惑:在后场击高远球或中后场杀球时,尽管用了很大的力气,但打出去的球却到达不了对方的后场,或者杀球时速度不够快,这是为什么呢?主要是因为挥拍速度不够快。羽毛球运动中的动作速度主要体现在上肢的挥拍速度。具体的训练方法有以下几种。

(1) 按慢—快—最快—快—慢的节奏进行原地跑步、高抬腿跑。

(2) 高频率跑楼梯。

(3) 快速立卧撑。

(4) 高频率跨越障碍物(羽毛球)——10个羽毛球一字排开,两球间距离1.2~1.5米。

(5) 十字跳。

(6) 单、双摇跳绳、两脚交替跳绳。

二、力量练习

力量素质是指肌肉在工作时克服内外阻力的能力,包括快速力量素质和力量耐力。在羽毛球运动中,人体的无氧代谢能力和肌肉协同作用的能力尤为重要。良好的力量素质不但有利于发展技术水平,同时也是防止伤病的重要武器。具体的训练方法有以下几种。

(一) 上肢专项力量练习

(1) 羽毛球掷远、掷垒球练习。

(2) 绕腕练习——手持哑铃于体前或体侧做绕"8"字练习。

(3) 挥拍练习——挥网球拍,重点练习各种击球动作(前臂、手腕、手指)以发展击球爆发力。

(4) 转臂练习——手持哑铃于体侧做内旋、外旋练习。

(二)躯干专项力量练习

(1) 屈伸练习——肩负杠铃,分腿站立,做屈伸练习。
(2) 仰卧起坐、左右体侧起坐。
(3) 俯卧挺身练习——俯卧于垫上,两手相握放于背后,头部和上体后仰。
(4) 负重转体——肩负杠铃,分腿站立,身体向左右旋转。
(5) 传接球练习——两人背靠背分腿站立,其中一人手拿实心球,两人同时向一个方向转体,将球传给另一个人,轮换做。

(三)下肢专项力量练习

(1) 负重深蹲起——下蹲较慢,起立加快。
(2) 负重半蹲提踵。
(3) 负重跨步走。
(4) 负重半蹲跳。
(5) 跳绳练习——单腿跳、双腿跳、单摇、双摇。
(6) 原地纵跳、蛙跳。
(7) 跳台阶练习。

三、耐力练习

羽毛球运动的特点决定了它所需要的耐力素质主要是速度耐力,供能形式主要为无氧供能。其中非乳酸性无氧代谢供能占主要地位,并有适当的乳酸性有氧供能。

(一)以提高非乳酸性无氧代谢能力为主的练习

采用最大强度持续时间为5~15秒以提高非乳酸性无氧代谢能力为主的练习,也可采用最大强度的85%~90%持续时间为30~60秒的练习。为提高有氧能力,可采用间歇训练法和重复训练法。练习可以是匀速的,也可以是变速的。

(1) 中距离跑——400米、800米。
(2) 中长距离跑——1500米、3000米、5000米。
(3) 定时跑——6分钟跑、12分钟跑。
(4) 越野跑——距离可根据具体情况而定。

(二)间歇性专项步法练习

(1) 每组30秒~1分30秒,8~16组,快速,组间休息2~3分钟。
(2) 每组3~30分钟,1~6组,中速,组间休息2~3分钟。

（三）多球练习

采用单项和综合技术，每个大组包括 20 个球＋40 个球＋60 个球，小组间休息 15 秒。大组间间隔 2~3 分钟。

四、柔韧素质的练习

柔韧素质是指人体各关节活动的幅度，以及肌肉和韧带的伸展性和弹性。羽毛球选手要经常做一些跨步，俯身救球甚至劈叉等动作，因此对柔韧性要求较高。人体的柔韧素质提高了，肌肉的动作才能更加协调。主要通过各个关节、肌肉的伸展性练习增强柔韧素质，包括静力性拉伸和动力性拉伸，重点放在肩关节、腰腹、髋关节、腕关节、踝关节和膝关节。

（一）基础柔韧素质训练内容与方法

1. 拉长身体各部位韧带练习

1）俯背屈体练习

两脚左右分开，与肩同宽站立，两臂以稍比肩宽的距离斜上举，上身尽量前屈，双手先在左膝后击掌，再换成在右膝后击掌，依次重复同样的动作练习。

2）伸展练习

两脚左右分开，与肩同宽站立，两臂在胸前掌心向下做水平屈动作，上体再向左转，两臂同时向两侧伸开，振臂拉长韧带，再向右侧做同样的动作，反复练习。

3）振臂练习

站直，上体微前屈，两臂后振，然后恢复准备姿势，再开始第二次后振，反复练习。

4）俯背触摸脚尖练习

两脚左右分开，比肩稍宽站立，两臂自然下垂。上体前屈，俯背，以左手指尖触摸右脚尖处，再以右手指尖触摸左脚尖处，反复练习。

5）体侧屈伸练习

两脚左右分开，与肩同宽站立，左手叉腰，右臂向上伸直，上体向左侧屈，做左侧屈伸练习。再以相同的动作，向右侧做屈伸练习。

6）转腰练习

两脚左右分开，与肩同宽站立，双脚固定不动，两手扶后脑，上体反复向左、右两侧做转体动作，先向右转，再向左转，反复练习。

7）跳跃练习

两脚左右分开，与肩同宽站立，两臂侧平举，跳跃两次，然后两足并拢，双手在头顶上拍两下，同时再跳跃两次，以一定频率反复练习。

8) 弓箭步练习

向前跨弓箭步,最大限度拉压腿部肌肉韧带,左右腿交换进行。

2. 拉(压)韧带练习

将身体练习部位搭靠在一支撑物上,借助支撑物的帮助,进行如下柔韧性练习。

1) 正面压腿练习

选择一合适的支撑物,面向支撑物站立,然后将任意一条腿(练习腿)正向抬起搁置在支撑物上,另一条腿支撑住身体重心,将上身努力压靠向练习腿。练习过程中应注意:两腿膝盖不能弯曲;髋关节必须与练习腿呈垂直方向;防止用头部压靠向练习腿,而应以胸部去贴靠练习腿。

2) 侧面压腿练习

侧向支撑物站立,然后将任意一条腿(练习腿)侧向抬起搁置在支撑物上,另一条腿支撑住身体重心,两臂上下分开协助上身努力地侧压靠向练习腿。练习过程中应注意:两腿膝盖不能弯曲;髋关节必须与练习腿呈水平方向;防止用头部压靠向练习腿,而应以肩部去贴靠练习腿。

3) 后压腿练习

背向支撑物站立,然后将任意一条腿(练习腿)后向抬起搁置在支撑物上,另一条腿支撑住身体重心,两臂上举协助上身后仰、努力将头部贴靠向练习腿。练习过程中应注意:两腿膝盖不能弯曲;髋关节必须与练习腿背向,呈垂直方向;注意缓慢地渐近拉压,防止受伤。

4) 劈叉练习

左右腿交叉进行正向、侧向劈叉练习。

5) 拉压肩练习

选择一合适的支撑物,双腿自然分开,面向支撑物站立。双手(或单手)正向抬起搁置在支撑物上,塌腰、充分舒展拉伸肩部。练习过程中应注意使肩关节充分拉开。以上描述是正向压肩,也可以进行侧向压肩或背向拉肩的练习。

6) 下腰练习

两腿自然分开站立,双臂上举带动身体后仰,拉伸躯干部位。

(二) 专项柔韧素质训练内容与方法

羽毛球选手关节活动幅度大,肌肉和韧带的伸展度好,有助于高质量完成各种位置的击球动作。羽毛球选手柔韧素质的好与坏,关系到上下肢和躯干协调性的好坏,直接影响到运动中完成各种技术动作的质量。常用的专项柔韧素质练习方法有以下几种。

1. 发展上肢各关节韧带伸展性练习

1) 绕肩练习

双手举到头顶,以直臂或屈臂姿势,依次快速向前、向后做绕肩练习。

2）手腕柔韧练习

手腕以屈伸、外展、内收等动作,顺时针、逆时针转动,绕环练习。

3）持拍做肩部大绕环练习

方法参见上肢专项力量练习,注意加大肩关节绕环幅度。

2. 发展下肢各关节韧带伸展性练习

1）腹背屈仰练习

手扶一固定物,双脚与肩同宽,自然站立。向后仰用右手触摸右跟腱,再以击球姿势向上收腹,同时再前屈用右手触摸右脚尖。

两人背向站立,相距1米左右,持实心球做腹背前屈、后仰传接实心球练习。

2）拉跟腱练习

练习腿后置,脚尖正向前方,蹬直腿部,并让后跟部位尽量地贴向地面,最大限度地拉伸跟腱韧带。

3）踢腿练习

快速正向、侧向和后向的踢腿练习。

4）弓箭步跨步练习

两腿交替向前方或是向侧前方,小腿前踢迈出大弓箭步。注意跨步脚应以后跟部位先触地,脚尖微外展,膝盖弯曲大于90°,髋部尽量与跨步腿呈水平位。

3. 发展腰部柔韧性练习

1）绕环练习

两脚与肩同宽站立,左前、右前、左后、右后、左侧、右侧做伸仰接球动作练习。

2）转腰练习

两人背向站立,相距1米左右,持实心球做左右转体传接实心球练习。运用头顶被动击球动作做快速腰部后伸前屈练习。

长期的羽毛球运动实践证明,经常而系统地进行上述各种身体素质训练,一方面可以有效地提高羽毛球运动员的专项身体素质,从而全面提高羽毛球运动员技战术水平,另一方面还可以增强运动员的正常机体素质,提高运动员的抗疲劳能力。成长中的少年儿童,进行正确恰当的身体素质训练,能使内脏器官和身体形态得到协调发展,有利于身体的正常生长发育。而对于成年人来说,身体素质提高和运动能力增强,既能降低运动中各种损伤的发生概率,又能改善人体的机能水平,获得良好的体质,提高学习和工作的效率。

五、易忽略的指握力练习

在羽毛球的力量训练中,选手训练手部的重点往往在手臂与手腕上,然而由于球拍设计得越来越轻,使人常会忽略指握力的重要性。一般在未击球状态下是轻握球拍的,以保持拇指与食指的灵活性,只有在击球时才用力,以保持拍面的稳定性。

指握力的训练可以借由虎钳式握力器,或是在手腕来回挥动时,握一些握柄较大的重物做练习,这样能增加握拍的稳定性,在比赛中面对快球及连续性的杀球时,能迅速翻转球拍,大大降低挥拍不及时的出现率。因此,对于欲打出质量优质的球的选手来说,指握力训练不可忽视。

第七章 羽毛球运动常识及运动损伤的防治

第一节 羽毛球的运动常识

羽毛球运动可以带来的乐趣使得越来越多的人对之热爱,但是现在很多人却陷入"痛并快乐着"的畸形的关系中。产生这种现象的原因是这些人对羽毛球运动的常识缺乏了解,不懂得科学地进行体育运动,从而导致各种伤病的发生。羽毛球运动虽说有着易于调节运动强度的特点,但是现在随着业余羽毛球选手水平不断提高,越来越多的人在进行羽毛球运动时,其技战术提高很快,却忽视了运动前的准备活动等,导致想法与自身能力不匹配,从而导致各种伤病。

一、科学的准备活动

科学的准备活动有几个方面的作用。

1. 预防损伤

预防损伤的准备活动一般是充分活动全身各个关节,使得身体在静态下产生的关节及肌肉、韧带黏滞状态得到预热和缓解。下面列举出准备活动第一步所需要活动的部位。

(1) 脚、手的十指关节。

(2) 踝、腕关节。

(3) 膝关节。

(4) 髋关节。

(5) 腰椎各关节。

(6) 胸关节。

(7) 肩关节。

(8) 肘关节。

(9) 颈椎各关节。

(10) 跟腱。

必须要做到充分活动关节部位的关联肌群与韧带,使关节的灵活性得到最大限度的预热,再通过慢跑来对心血管系统进行内在预热,从内到外彻底热身。

2. 大肌肉群的激活

在各关节得到预热以后,我们需要将参与运动的各肌肉群进行激活。参与羽毛球运动的肌肉群有小腿肌肉群、大腿肌肉群、臀肌、腰腹部核心肌群、胸椎肌肉群、肩关节肌肉群、上肢肌肉群等。主要是通过动态拉伸使得全身肌肉群得到充分的拉伸,从而激活肌肉群,包括小腿肌肉的拉伸、大腿肌肉的多向拉伸、前臂肌肉的拉伸、大臂肌肉的多向拉伸、肩部的拉伸、臀肌的动态拉伸、腰部肌肉的拉伸等。除了我们已知的一些传统的拉伸方式,我国运动员近年来也不断向国外先进的体能训练机构学习,也带回了很多先进的热身动作,有别于我国传统的简单拉伸,可以覆盖全身多肌肉群,如"最大拉伸""燕式平衡""俯卧直腿屈髋前行""单腿平衡动渐进练习""仰卧单腿挺髋""站姿俯身 Y 字练习"等。

3. 核心肌群的激活

通过对核心肌群进行力量训练,使得腹直肌、腹斜肌、下背肌和竖脊肌等核心肌群得到充分活动,达到其活动度与稳定度的激活,从而强化、稳定和平衡肌群。现在运动 App 多种多样,里面不乏各种练习核心肌群以及激活核心肌群的方法,最常见的方式如"平板支撑""侧位支撑""动态支撑"等。

4. 神经激活

通过快速的反应,使大脑迅速传达指令到四肢,并进行正确的行动,以达到神经与身体完美配合的效果。要做到神经完美地支配身体,需要快速的脚步练习和快速的上肢动作练习。其基本手段有"快速小密步"或者"限时综合跳"或者绳梯练习,这些练习都可以快速激活下肢神经。通常可以用一些快速挥拍动作来激活我们的上肢神经。

二、掌握正确的技术动作

任何运动都有其专门的动作模式,羽毛球运动也不例外。如选手掌握了不正确的技术动作,容易因错误使用肌肉,造成运动损伤。如选手掌握了正确的技术动作,能有效地提高羽毛球的击打效率,同时也能有效地预防伤病的产生。羽毛球运动需要在场地里面不停地快速移动,连续的急停、急起,这都需要正确的步法来执行。而正确的羽毛球击打动作确定了我们发力以及运动的轨迹,它能确保我们的关节和肌肉安全运行,避免由于动作不正确而引起的肌肉拉伤、关节损伤以及产生一些慢性损伤。不正确的专项技术会导致什么样的损伤呢？

（1）最常见的损伤之一是由于上网步法不正确导致踝关节扭伤、大腿拉伤等。正确的上网步法由起动、移动、制动和回动构成。正确的起动可以预防踝关节挫伤；正确的移动和制动能有效防止踝关节扭伤和大腿肌肉拉伤；正确的回动需要正确的重心调整，还要注意随时可能发生的二次起动，如果回动步法不科学，有可能导致腰部损伤。

（2）错误的后退步法会造成腰部肌肉群过度动作而造成腰肌劳损或拉伤。正确的后退步法可以预防腰肌劳损或拉伤，特别是后场头顶步法，需要足够的侧身及正确的步法。

（3）错误的技术动作易导致肩关节肱二头肌长头肌腱腱鞘炎，不正确的反手击球动作易引起肘关节炎症（俗称网球肘及高尔夫球肘）。正确的击球动作，能防止肌肉的拉伤、关节部扭伤或软骨磨损导致的慢性伤害。

（4）手腕发力不当，动作过大，会引起手腕部的关节扭伤，手指关节也如此。手指关节疼痛主要是指间关节关联肌肉力量不足，加上过度运用手指发力导致的。

三、选择合理的运动时间及运动量

羽毛球运动应持之以恒，但是对运动强度要有一定的限制，既不能盲目地大量运动而导致过度疲劳或伤病，也不能运动量过小而起不到锻炼效果。

（1）用心率来确定适合的运动强度。一般可在运动结束后立即数脉搏，从而测出心率。

（2）主观的自我感觉。在打羽毛球时，经过一段时间锻炼后有食欲增加、睡眠改善、精神愉快、全身轻松等感觉，都说明运动是适量的。反之，如果在打羽毛球时出现胸闷、心悸、气急、头晕、头痛、恶心、视力模糊等症状，应及时停止运动。另外，如有食欲下降、睡眠变差、疲劳等现象，且经过休息后，与平时相比，脉搏增快、血压上升，则很可能是运动量过大了。

四、科学合理的放松方法

每次羽毛球运动结束后，都要注意肌肉的放松和拉伸。拉伸以静态拉伸为主，每个位置拉伸 20～30 秒就足够了。一般以运动较多的大腿肌肉群、臀大肌、腰腹部核心肌群、上肢肌肉群及肩关节肌肉群为主要放松对象。对使用比较多的并且起反应的肌肉，应该使用肌肉按摩法来放松肌肉，可以去找人按摩，也可以使用泡沫轴、按摩棒等进行按摩。

五、运动后的营养补给

食物中的营养成分一般分为六大类，分别是蛋白质、碳水化合物、脂肪、维生素、矿物质(无机盐)和水。均衡地补充这些营养很重要,因为它们之间是相互影响的。为了维持羽毛球运动中所需要的体能,顺利完成不同技术所要求的动作,必须从平时就注意均衡自己的饮食。为了从日常运动训练的疲劳中恢复过来,应补充足够的碳水化合物类食物,如米饭、面条、红薯等主食。但是要注意摄取量与消耗量的均衡,如果摄取量超过了消耗量,就会变成脂肪,这也是为什么有的人打球减不了肥的原因。进行体能训练后,体力消耗过大,则必须补充蛋白质类食物,如鱼类、肉类、豆类等。蛋白质有制造肌肉的作用,是增强体力不可缺少的营养素。运动过程中要注意及时补水,但切忌短时间大量摄入过多的水,应慢慢地、由少到多地摄入水分,才能达到补水效果。

第二节 羽毛球运动损伤的防治

羽毛球运动的损伤发生率在各种体育项目中相对来说比较低,但是对于羽毛球运动的初学者和长期从事羽毛球运动的运动员来说,如果不注意掌握正确的击球技术,没有做好充分的准备活动和放松活动,或者由于某些外因,如装备不科学等都会造成一些急慢性的损伤,长期的训练也会导致过度疲劳。

一、羽毛球运动常见的运动损伤

随着人们参与羽毛球运动时间的增长,越来越多的业余爱好者往往因为动作的不正确造成各种劳损和伤病。还有不少的业余爱好者只顾追求技术的提高,却因忽略了对身体素质的训练而导致各种损伤的发生。而从事羽毛球专业运动的球员,由于其训练的长期性也经常会受到各种伤病的困扰。

从各项调查中不难发现,膝关节损伤患者的比例一直占据羽毛球运动损伤者的首位。膝关节损伤分为急性损伤和慢性损伤。急性损伤如半月板损伤或交叉韧带损伤。半月板损伤主要症状是行走疼痛,有时伴有关节内弹响或绞锁。而交叉韧带损伤则表现为扭伤后肿胀、疼痛,有压痛感,可伴有轻微的皮下出血。急性损伤多是因为在羽毛球运动过程中为了迎击快速的来球而一时脚部动作与身体运动不协调,对膝盖部分造成突然的巨大冲击。急性损伤必须得到及时的治疗,以防留下后遗症,造成长期的病痛。而在长期进行羽毛球运动的群众和运动员当中,困扰大部分人的是慢性膝关节损伤,如髌骨末端病、髌骨软化症或慢性滑膜炎等。这些慢性的疾病是由于羽毛球运动要求运动员在极短的时间内做出起动、蹬跨、转身、起跳等各种动作,而这些运动往往对膝关节这一身体的缓冲装置造成连续的顿挫和牵扯,随着运动年龄的增长便积劳成疾,导致了膝关节的慢性伤病。慢性膝关节损伤的症状主要表现为上下楼梯腿发软,重者走路或静止时也会感到疼痛,甚至会影响日常的生活起居。对于慢性膝关节损伤要进行积极的预防和治疗。

第二种困扰羽毛球运动参与者的疾病便是腰伤。在进行羽毛球运动的过程中,为了接住对方的来球,或者击出各种角度和方向的回球,往往需要运动员的腰部在很大范围内转动或者发力。对腰背肌肉的牵引、屈伸使得肌肉疲劳,长期进行可导致筋膜炎或腰肌劳损,更严重的会引起骨性损伤,如腰椎峡部裂和腰椎间盘突出症。腰伤往往需要治疗的时间长,易复发,如果不能妥善地处理好甚至会影响日常生活的质量,如长时间的坐姿会引起腰部疼痛。在急性腰部损伤过后要及时进行处理,以防形成慢性的伤病。而如果已经形成慢性的伤病,则应进行积极的治疗。

另一种在羽毛球运动中较常见的损伤发生在手腕的关节部位。这是由于羽毛球运动本身要求在扣杀球、劈吊球、打网前球等过程中,手腕要做出快速的内展外展、闪动切击、前屈后伸和鞭打等动作,使得手腕部位的薄弱环节三角软骨盘不断受到旋转辗挤造成损伤。手腕关节的疾病多确诊为腱鞘炎,是一种劳损性的疾病,是身体对长期局部运动量过大的一种不适应性炎症反应。症状一般表现为击球时疼痛,或伴有压痛。而羽毛球业余爱好者由于技术不过关,在击球时没有控制好击球的方向和力量,也会造成手腕关节的急性损伤。对于手腕关节伤病的预防应做到运动前对手腕关节进行充分的准备运动,还应该有针对性地进行加强手腕关节肌腱韧带力量的训练。

除了上述常见的羽毛球损伤部位以外,还有脚踝关节及跟腱、肘关节、大小腿肌肉、肩关节等部位也经常会发生痛症。由于羽毛球运动中经常伴有起跳落地、急停转向等动作,对腿部踝关节和跟腱造成极大的冲击,时常造成韧带撕裂或更严重者造成跟腱断裂,如马来西亚著名运动员黄综翰、韩国球员全在娟及丹麦球员拉斯姆森等都先后在赛场上不幸跟腱断裂,不得不休整了很长时间。这与踝关节的承受能力及运动前的热身准备有关,应确保踝关节在疲劳后得到充分的休息,不可以负荷过重、时间过长。肘关节的损伤一般被俗称为网球肘。网球肘以网球运动员发病率高而得名,但在羽毛球运动中也不乏网球肘患者。网球肘是由于肘关节附近肌肉肌腱撕裂或直接受伤引起的。在用力伸腕和前臂用力旋前旋后时会出现局部疼痛,严重时会出现肿胀,压痛明显。羽毛球业余爱好者多为外侧型网球肘而羽毛球专业运动员多为内侧型网球肘。肘部损伤可以通过揉搓、针灸等疗法进行治疗,另外也要注意在运动后充分放松伸手肌肉群和屈手肌肉群并加强伸肌力量的练习。肩关节的伤病也困扰着不少的羽毛球运动爱好者,其主要为击球动作不正确导致,使肩部长期受压。

二、羽毛球运动损伤的预防

(一)肩关节损伤的预防

羽毛球运动中肩部承受很大的压力,常见的肩关节损伤有肩袖损伤、肱二头肌长头肌腱损伤,不慎摔倒时还可能发生关节脱位。肩关节损伤的预防措施:将一定重量的物品置于肘部,平举至与肩同高,坚持1~2分钟为一组,每次4~6组,可以加强肩部力量与柔韧性。每组间歇时注意放松,放松时肩部进行正压、反拉及前后绕环练习。平时可以通过杠铃推举、卧推、引体向上等方法进行肩部力量练习。另外,运动前需要进行肩部的柔韧性练习。

(二)踝关节损伤的预防

无论在何种运动中,踝关节都是较易受伤的部位,因此做好预防,可以减少损伤的发生。要加强踝部周围肌肉与组织的力量,可进行负重提踵等练习。同时注意避免脚部过度疲劳。除此之外,运动时所穿的鞋、袜要大小合适,必要时使用护踝或弹性绷带来防护。

(三)膝关节损伤的预防

常见的膝关节损伤有侧副韧带损伤、十字韧带损伤、半月板损伤等。日常生活中注意加强膝盖部位力量锻炼,减少运动中出现劳损的可能性,可采取重复半蹲练习。

(四)腕关节损伤的预防

羽毛球运动中的扣杀球、吊球都需要手腕发力,如果动作不正确或发力过猛极易导致扭伤。腕部扭伤的程度可以从中度到重度不等,严重的扭伤可使韧带完全断裂,进而造成关节不稳。可用小哑铃负重做腕部伸展练习,以每次练习出现手部酸胀为度。适当加重球拍的重量,绕"8"字练习,加强腕部肌肉的活动能力。用砖头代替重物,发展手指力量。运动时要带上护腕或用弹力绷带加固。

(五)大小腿肌肉组织损伤的预防

在进行羽毛球运动时,要注意劳逸结合,合理控制运动时间与强度,给腿部肌肉组织适当的休整时间,避免长时间疲劳运动。在运动结束后,要及时对腿部肌肉进行放松和按摩,让肌肉恢复弹性。另外,平时注意加强腿部肌肉的力量训练也是很重要的。

(六)腰肌扭伤的预防

运动之前做好充分的准备活动,避免运动中过度用力造成肌肉拉伤。加强腰部肌肉的力量训练,例如做静力平板支撑、仰卧起坐、两头起等。另外还要加强腹肌练习,这些肌肉的增强,可避免本身的损伤,还可保护脊柱,避免脊柱及韧带损伤。同时掌握正确的发力动作和发力顺序,避免发力时腰部负担过重造成损伤。

三、羽毛球运动损伤的治疗

（一）外伤的处理

常见外伤一般为擦伤或者摩擦而引起的皮下水疱。此类损伤多是运动员摔倒后皮肤与地面摩擦，或者步法练习中足底皮肤与鞋底或地面反复摩擦，又或是握拍手与球拍手柄的摩擦导致的开放性创口或者起水疱。此类损伤的治疗方法为先消毒，再无菌清洗，再用药（凡士林或甘油等），再加压包扎。起水疱者则需先用消毒针抽吸局部积液，再实施以上步骤，如有感染需尽快就医治疗。

（二）肌肉拉伤的处理

肌肉拉伤分为主动拉伤和被动拉伤两大类。在外力直接或间接作用下使肌肉主动收缩或被动拉长时容易引起拉伤。肌肉主动强烈的收缩或被动过度的拉长，造成的肌肉微细损伤、肌肉部分撕裂或完全断裂，称为肌肉拉伤，这是最常见的运动损伤之一。由于准备活动不当，部分肌肉的生理功能尚未达到适应运动所需的状态；运动水平不够，肌肉的弹性和力量较差；疲劳或过度负荷，使肌肉的功能下降，力量减弱，协调性降低；错误的动作或运动时注意力不集中，动作过猛或粗暴；气温过低、湿度太大；运动场地或器械的质量不良等都可以引起肌肉拉伤。处理方法如下。

（1）单纯肌肉牵拉性拉伤者：局部停止活动2～3日，在无痛和疼痛不加剧的前提下，可以及早地进行功能练习。健肢及其他部位可以继续活动，以后逐步进行锻炼，但应避免那些会引起重复受伤的动作。一周后可逐渐增加肌肉的力量练习，待症状基本消失后可以进行柔韧性练习。在做伸展练习时以不增加伤处疼痛为度。大约2周后，可逐渐进行锻炼。运动时伤部必须使用保护带，并充分做好准备活动。

（2）肌纤维轻度拉伤、肌纤维部分断裂者：应及时进行冷敷，加压包扎，高抬患肢，30分钟后除去冷敷。还要把患肢放在使受伤肌肉松弛的位置，以减轻疼痛。48小时后开始按摩，手法要轻缓。怀疑有肌肉、肌腱完全断裂者，应在局部加压包扎，固定患肢，立即送医院，必要时还要接受手术治疗。

（3）肌肉、肌腱完全断裂或撕脱骨折者：应立即停止锻炼，完全休息，积极治疗，伤愈后应在医生指导下恢复锻炼。

（三）关节韧带扭伤

在外力作用下，发生超常范围的活动，以至于造成关节囊、韧带的损伤，称为关节韧带扭伤。在羽毛球运动中，最易扭伤的是踝关节，其次是膝关节、肘关节和椎间小关节。如有关节内有卡住感，则关节内其他组织可能合并损伤，若检查时发现骨骼部分有压痛感或挤压、叩击痛,则应考虑可能合并发生骨折,需就医检查治疗。一般性的扭伤治疗方法:首先立即局部冰敷、加压包扎、适当制动和抬高患肢,以减少出血和缓解肿胀,24~48小时后进行局部按摩或理疗。在制动固定时,应使关节受损韧带处于松弛状态,如韧带疑有断裂者,应及早就医确诊,以便尽早予以缝合;关节肿胀明显者,最好由医生进行关节穿刺,抽吸积液,并注射能减轻炎症的药物,以减少关节粘连。

一般单纯的下肢关节韧带扭伤,在贴膏药后,即可着地行走或扶拐行走。严重的关节韧带损伤,则必须在对伤处固定的情况下,才能进行适当的活动。当关节肿胀与疼痛感减轻后,在疼痛不加重的原则下应及时、积极地进行肢体功能康复锻炼,以防肌肉萎缩和关节或组织粘连。

(四) 肌肉痉挛

肌肉痉挛俗称抽筋,是肌肉不自主地强直收缩所致。在以下情况下可能出现肌肉痉挛:肌肉受寒冷刺激,兴奋性增高;长时间参加剧烈运动,身体大量排汗,大量电解质丢失使肌肉兴奋性增高;运动中肌肉过快地连续收缩,放松时间短,使收缩与放松不能协调交替;局部肌肉过度疲劳,在做一些突然紧张的动作时。运动员出现肌肉痉挛后,用力牵拉痉挛的肌肉,一般可使之缓解,牵拉时用力宜缓,不可用暴力。此外,还可以配合局部按摩,重力按压、揉捏和点捏委中、承山、涌泉等穴位,在处理时注意保暖。

(五) 手腕受伤

由于羽毛球的技术要求,无论是击打、扣杀,还是吊、挑、推、扑、勾球,都要求手腕由基本的后伸、外展至内收、内旋、闪动击球,手腕在这种快速动作中,还要不断做出不同角度的内旋、外旋及屈收动作。因此,手腕就会受到不断地旋转碾挤,从而造成损伤。手腕受伤也属于较为常见的损伤之一。手腕受伤后,应停止运动,进行冷敷或加压固定,并根据伤情做进一步的处理,在伤势没有彻底恢复前,不应进行大幅度、大强度的活动。

(六) 肱二头肌长头肌腱炎

肱二头肌长头肌腱是人体内唯一在关节腔内行走的肌腱,该肌腱由关节囊的滑膜保护着,并延伸到结节间沟,形成一条狭长的肌腱腱鞘。羽毛球运动员在大力扣杀或后场反手发力击球时,如果肩关节进行超范围的转肩活动或臂上举时突然过度拉伸,使该肌腱在结节间沟中受到滑动摩擦或抽动牵扯,则会引发肱二头肌长头肌腱炎,且肱二头肌长头肌腱在盂肱关节活动时会伴随滑动,由于腱鞘狭窄、结节间沟表面粗糙,所以也很容易受到磨损而引起腱鞘炎,因而在羽毛球运动中以慢性损伤最为多见。受伤后肩部不适或疼痛,多表现为肩前疼痛,有时会向三角肌放射,重症患者有时咳嗽,提物时会出现肩疼。慢性或劳损患者往往仅在做臂外上举并向后做肩后伸、后弓动作时才出现疼痛,关节活动功能受限,但肿胀不明显。检查时,在结节间沟和肱二头肌肌腱会出现局限性压痛,肱二头肌抗阻力试验阳性。急性损伤后,应停止活动并将上肢用三角巾悬吊,休息。急性期过后,可在上肢松弛位进行肩部活动,如弯腰、垂臂等,做肩关节各方向活动,进行局部理疗、按摩、针灸或向腱鞘内注射肾上腺皮质激素类药物,均能取得良好的效果。

第八章　羽毛球竞赛规则与裁判法

第一节　羽毛球竞赛规则

一、羽毛球竞赛相关概念解释

运动员：参加羽毛球比赛的人。

一场比赛：由双方各一名或两名运动员进行的比赛，是羽毛球比赛决定胜负的基本单位。

单打：双方各一名运动员进行的比赛。

双打：双方各两名运动员进行的比赛。

发球方：有发球权的一方。

接发球方：发球方的对方。

回合：自开始发球至死球前的一次或多次连续对击。

一击：运动员试图击球的一次挥拍动作。

二、羽毛球竞赛规则

(一) 场地和场地设备

(1) 场地应是一个长方形，用宽40毫米的线画出。

(2) 线的颜色应是白色、黄色或其他容易辨别的颜色。

(3) 所有的线都是它所界定区域的组成部分。

(4) 从场地地面起，网柱高1.55米。当球网被拉紧时，网柱应与地面保持垂直。

(5) 不论是单打还是双打，网柱都应放置在双打边线上。网柱及其支撑物不得延伸进入除边线外的场地内。

（6）球网应由深色优质的细绳编织成，网孔为均匀分布的正方形，边长15～20毫米。

（7）球网上下宽760毫米，全长至少6.10米。

（8）球网的上沿是用宽75毫米的白布带对折成的夹层，用绳索或钢丝从中穿过，夹层的上沿必须紧贴绳索或钢丝。

（9）绳索或钢丝应牢固地拉紧，并与网柱顶平行。

（10）从场地地面起至球网中央顶部应高1.524米，双打边线处网高1.55米。

（11）球网两端与网柱之间不应有空隙。

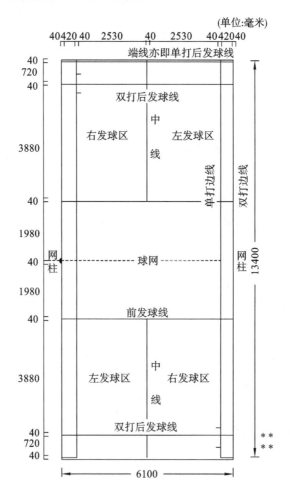

注：

（1）双打场地对角线长为14.723米；

（2）"＊＊"为正常球速区标记。

（二）羽毛球

（1）羽毛球可由天然材料、人造材料或其混合制成。无论是何种材料制成的羽毛球,飞行性能应与由天然羽毛和薄皮包裹软木球托制成的羽毛球的性能相似。

(2)天然材料制作的球。

①羽毛球应由16根羽毛固定在球托上。

②每根羽毛从球托面至羽毛尖的长度,统一为62～70毫米。

③羽毛顶端围成圆形,直径为58～68毫米。

④羽毛应用线或其他适宜材料扎牢。

⑤球托底部为球形,直径为25～28毫米。

⑥羽毛球重4.74～5.50克。

(3)非天然材料制作的球。

①球裙由合成材料制成的仿真羽毛代替天然羽毛。

②球托应如前所述。

③羽毛球的尺寸和重量应如前所述。但由于合成材料与天然羽毛在比重、性能上的差异,允许有不超过10%的误差。

④在因海拔或气候等条件不适宜使用标准球的地方,只要球的一般式样、速度和飞行性能不变,经有关会员协会批准,可以变通以上规定。

(三)球速的检验

(1)验球时,运动员应在端线外用低手向前上方全力击球。球的飞行方向应与边线平行。

(2)符合标准速度的球,应落在场内距离对方端线外沿530～990毫米之间的区域内。

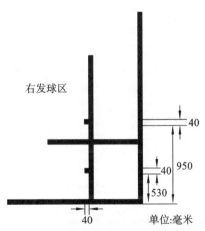

注:标记尺寸为40毫米×40毫米。

(四)羽毛球拍

(1)球拍长不超过680毫米,宽不超过230毫米,由下所述的各主要部分构成。

①拍柄是击球者通常握拍的部分。

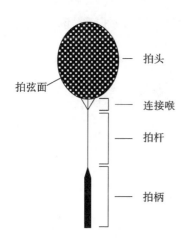

②拍弦面是击球者通常用于击球的部分。
③拍头界定了拍弦面的范围。
④拍杆通过连接喉连接拍头。
⑤连接喉(如有)连接拍杆与拍头。

(2) 拍弦面。

①拍弦面应是平的,用拍弦穿过拍头十字交叉或用其他形式编织而成。编织的式样应保持一致。尤其是拍弦面中央的编织密度,不得小于其他部分。

②拍弦面长不超过 280 毫米,宽不超过 220 毫米。拍弦可延伸进连接喉。

a. 伸入拍弦区域的宽不得超过 35 毫米。
b. 包括拍弦伸入区在内的拍弦面总长不得超过 330 毫米。

(3) 球拍。

①球拍不允许有附加物和突出部,除非是为了防止磨损、断裂、振动或调整重心的附加物,或预防球拍脱手而将拍柄系在手上的绳索,但其尺寸和位置必须合理。

②球拍上不允许附加任何可能从本质上改变球拍形式的装置。

(五) 设备的批准

有关球、球拍、设备以及试制品能否用于比赛等问题,由国际羽联裁定。这种裁定可由国际羽联主动做出,也可根据对其有切身利益的个人、团体(包括运动员、技术官员、设备厂商、会员协会或其他成员)的申请而做出。

(六) 挑边

(1) 比赛开始前应挑边。赢方将在规则(六)(1)①或规则(六)(1)②中做出选择。
①先发球或先接发球。
②在一个场区或另一个场区开始比赛。

(2) 输的一方,接受余下的一项。

(七) 计分方法

(1) 除非另有规定,一场比赛应以三局两胜定胜负。
(2) 除规则(七)(4)和规则(七)(5)的情况外,先得 21 分的一方胜一局。
(3) 对方"违例"或球触及对方场区内的地面成死球,则本方胜这一回合并得一分。
(4) 20 平后,领先得 2 分的一方胜该局。
(5) 29 平后,先到 30 分的一方胜该局。
(6) 一局的获胜方在下一局首先发球。

（八）交换场区

（1）以下情况，运动员应交换场区：
①第一局结束。
②第二局结束（如果有第三局）。
③在第三局比赛中，一方先得 11 分时。
（2）如果运动员未按规则（八）（1）的规定交换场区，一经发现，在死球后立即交换，已得比分有效。

（九）发球

（1）合法发球。
①一旦发球员和接发球员做好准备，任何一方都不得延误发球。
②发球时，发球员球拍的拍头做完后摆（规则（九）（2）），任何迟滞都是延误发球。
③发球员和接发球员，应站在斜对角的发球区内，脚不得触及发球区和接发球区的界线。
④从发球开始（规则（九）（2）），至发球结束（规则（九）（3））前，发球员和接发球员的两脚，都必须有一部分与场地的地面接触，不得移动。
⑤发球员的球拍，应首先击中球托。
⑥发球员的球拍击中球的瞬间，整个球应低于发球员的腰部。腰部的位置指的是发球员最低肋骨下缘的水平切线。
⑦发球员的球拍击中球的瞬间，拍杆和拍头应指向下方。
⑧发球开始（规则（九）（2））后，发球员必须连续向前挥拍，直至将球发出（规则（九）（3））。
⑨发出的球应向上飞行过网，如果未被拦截，球应落在规定的接发球区内（即落在界线上或界线内）。
⑩发球员发球时，应击中球。
（2）发球高度不能超过 1.15 米。
（3）一旦运动员站好位置准备发球，发球员的球拍头开始向前挥动，即为发球开始。
（4）一旦发球开始（规则（九）（2）），发球员的球拍击中球或未能击中球，均为发球结束。
（5）发球员应在接发球员准备好后才能发球，如果接发球员已试图接发球，即被视为已做好准备。
（6）双打比赛发球时，发球员和接发球员的同伴应在各自的场区内。其站位不限，但不得阻挡对方发球员或接发球员的视线。

（十）单打

（1）发球区和接发球区。

①一局中,发球员的分数为0或双数时,双方运动员均应在各自的右发球区发球或接发球。

②一局中,发球员的分数为单数时,双方运动员均应在各自的左发球区发球或接发球。

（2）击球顺序和位置。

一回合中,球应由发球员和接发球员交替从各自所在场区一边的任何位置击出,直至成死球为止（规则（十五））。

（3）得分和发球。

①发球员胜一回合（规则（七）（3））则得一分。随后,发球员再从另一发球区发球。

②接发球员胜一回合（规则（七）（3））则得一分。随后,接发球员成为新发球员。

（十一）双打

（1）发球区和接发球区。

①一局中,发球方的分数为0或双数时,发球方均应从右发球区发球。

②一局中,发球方的分数为单数时,发球方均应从左发球区发球。

③接发球方上一回合最后一次发球的运动员应在原发球区接发球。其同伴接发球的站位与其相反。

④接发球员应是站在发球员斜对角发球区的运动员。

⑤发球方每得一分,原发球员则变换发球区再发球。

⑥除规则（十二）的情况外,球都应从与发球方得分相对应的发球区发出。

（2）击球顺序和位置。

每一回合发球被回击后,由发球方的任何一人和接发球方的任何一人,交替在各自场区的任何位置击球,如此往返直至死球（规则（十五））。

（3）得分和发球。

①发球方胜一回合（规则（七）（3））则得一分。随后发球员继续发球。

②接发球方胜一回合（规则（七）（3））则得一分。随后接发球方成为新发球方。

（4）发球顺序。

每局比赛的发球权必须如下传递：

①由首先发球员从右发球区发球。

②首先接发球员的同伴,从左发球区发球。

③首先发球员的同伴发球。

④首先接发球员发球。

⑤首先发球员发球,如此传递。

(5) 运动员在比赛中不得有发球、接发球顺序错误或在一局比赛中连续两次接发球(规则(十二)的情况除外)。

(6) 一局胜方的任一运动员可在下一局先发球;一局负方的任一运动员可在下一局先接发球。

(十二)发球区错误

(1) 以下情况为发球区错误:
①发球或接发球顺序错误;
②在错误的发球区发球或接发球。

(2) 如果发现发球区错误,应在死球后予以纠正,已得比分有效。

(十三)违例

以下情况均属违例。
(1) 不合法发球(规则(九)(1))。
(2) 球发出后:
①球停在网顶;
②球过网后挂在网上;
③接发球员的同伴接到球或被球触及。
(3) 比赛进行中,球:
①落在场地界线外(即未落在界线上或界线内);
②未从网上越过;
③触及天花板或四周墙壁;
④触及运动员的身体或衣服;
⑤触及场地外其他物体或人;
(关于比赛场馆的建筑结构问题,必要时,地方羽毛球竞赛承办机构可以制定羽毛球触及建筑物的临时规定,但其归属的国际羽联有否决权)
⑥被击时停滞在球拍上,紧接着被拖带抛出;
⑦被同一运动员两次挥拍连续两次击中,但一次击球动作中,球被拍框和拍弦面击中,不属违例;
⑧被同方两名运动员连续击中;
⑨触及运动员球拍,而未飞向对方场区。
(4) 比赛进行中,运动员:
①球拍、身体或衣服,触及球网或球网的支撑物;
②球拍或身体,从网上侵入对方场区(击球时,球拍与球的接触点在击球者网这一

方,而后球拍随球过网的情况除外);

③球拍或身体,从网下侵入对方场区,导致妨碍对方或分散对方的注意力;

④妨碍对方,即阻挡对方紧靠球网的合法击球;

⑤故意分散对方注意力的任何举动,如喊叫、做手势等。

(5) 运动员严重违反或屡次违反规则(十六)的规定。

(十四) 重发球

(1) 由裁判员或运动员(未设裁判员时)宣报"重发球",用以中断比赛。

(2) 以下情况为"重发球":

①发球员在接发球员未做好准备时发球(规则(九)(5));

②在发球过程中,发球员和接发球员都被判违例;

③发出的球被回击后:

a. 球停在网顶;

b. 球过网后挂在网上。

④比赛进行中,球托与球的其他部分完全分离;

⑤裁判员认为比赛被干扰或教练员干扰了对方运动员的比赛;

⑥司线员未能看清,裁判员也不能做出裁决时;

⑦遇到不可预见的意外情况。

(3) "重发球"时,该次发球无效,原发球员重新发球。

(十五) 死球

以下情况为死球:

(1) 球撞网或网柱后,开始向击球者网这方的地面落下;

(2) 球触及地面;

(3) 裁判员宣报了"违例"或"重发球"。

(十六) 比赛连续性、行为不端及处罚

(1) 除规则(十六)(2)和规则(十六)(3)允许的情况外,比赛自第一次发球开始至该场比赛结束应是连续的。

(2) 间歇。

①每局比赛,当一方先得 11 分时,允许有不超过 60 秒的间歇。

②所有比赛中,每局之间允许有不超过 120 秒的间歇。

(有电视转播的比赛,裁判长可在该场比赛前决定变更规则(十六)(2)规定的间歇时间。)

(3) 比赛的暂停。

①遇不是运动员所能控制的情况,裁判员可根据需要暂停比赛。

②遇特殊情况,裁判长可要求裁判员暂停比赛。
③如果比赛暂停,已得比分有效,恢复比赛时由该比分计起。
(4)延误比赛。
①不允许运动员为恢复体力、喘息或接受指导而延误比赛。
②裁判员是"延误比赛"的唯一裁决者。
(5)指导和离开场地。
①在一场比赛中,死球时(规则(十五)),允许运动员接受指导。
②在一场比赛中,运动员未经裁判员允许不得离开场地(规则(十六)(2)规定的间歇除外)。
(6)运动员不得有下列行为:
①故意延误或中断比赛;
②故意改变或损坏球,以此影响球的速度或飞行;
③举止无礼;
④规则未述的其他不端行为。
(7)对违犯者的处罚。
①对违反规则(十六)(4)、规则(十六)(5)或规则(十六)(6)的运动员,裁判员应执行:
a. 警告;
b. 对已被警告过的一方判违例;
c. 对严重违反或违反规则(十六)(2)的一方判违例。
②在判违反方违例时,裁判员应立即报告裁判长。裁判长有权取消其该场比赛资格。

(十七)裁判人员职责和申诉受理

(1)裁判长对比赛全面负责。
(2)临场裁判员主持一场比赛,并管理该比赛场地及其紧邻的区域。裁判员对裁判长负责。
(3)发球裁判员负责宣判发球员的发球违例(规则(九)(1))。
(4)司线员负责宣判球在其分管线的落点是"界内"或"界外"。
(5)除以下情况外,技术官员对其所分管职责内事实的宣判是最后的裁决。当裁判员确认司线员明显错判时,应予以纠正。
(6)裁判员应:
①维护和执行羽毛球竞赛规则,及时宣判"违例"或"重发球";
②对在下一次发球前提出的申诉做出裁决;
③确保运动员和观众能随时了解比赛进展情况;
④与裁判长磋商后指派或撤换司线员或发球裁判员;
⑤在临场裁判人员不足时,对无人执行的职责做出安排;
⑥在临场裁判人员视线被挡时,执行其职责或判"重发球";

⑦记录并向裁判长报告与规则(十六)有关的所有情况;

⑧仅将与规则有关的申诉提交裁判长。

此类申诉必须在下次发球球击出前提出;如果该场比赛结束,则应在申诉方离开场地前提出。

(十八) 双打发球站位图解

双打比赛中,A和B对阵C和D,A和B挑边获胜选择发球,A发球给C。A为首先发球者,C为首先接发球者。

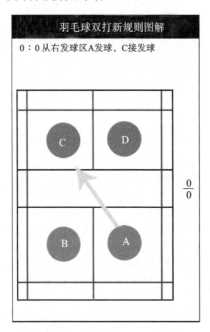

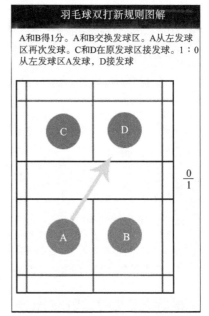

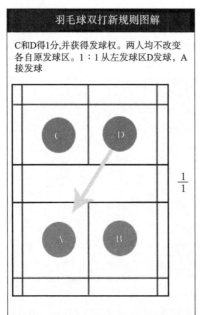

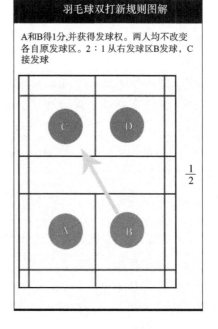

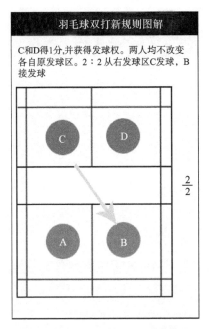
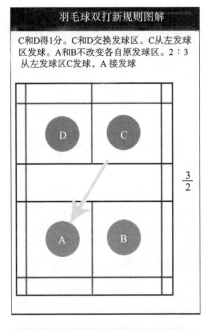
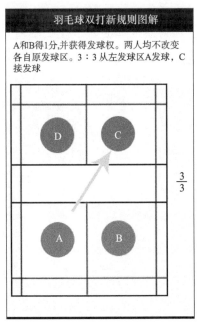
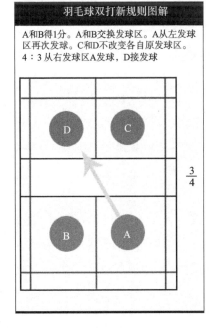

注意：与单打时一样，发球员的发球区以发球方分数的单数或双数来决定。运动员只有在本方发球得分时才交换发球区。除此之外，运动员继续站在上一回合的发球区不变，以此保证运动员之间发球的交替。

第二节 羽毛球竞赛裁判法

一、羽毛球裁判员管理办法

可参照《中国羽毛球协会裁判员管理办法》(乒羽字〔2016〕34号)执行。

第一章 总　则

第一条　为保证羽毛球竞赛公平、公正、有序进行,规范羽毛球裁判员资格认证、培训、考核、注册、选派、处罚等监督管理工作,根据《体育竞赛裁判员管理办法》(国家体育总局第21号令),制定本办法。

第二条　羽毛球裁判员(以下简称裁判员)实行分级认证、分级注册、分级管理。

第三条　国家体育总局(以下简称体育总局)对在我国正式开展的体育运动项目裁判员的管理工作进行监管。各级政府体育主管部门负责本地区相应等级裁判员的监督管理工作。

第四条　中国羽毛球协会(以下简称中国羽协),省、自治区、直辖市各级羽毛球协会(以下简称地方羽协)负责相应技术等级羽毛球裁判员的资格认证、培训、考核、注册、选派、处罚等(以下简称技术等级认证)监督管理工作。

第五条　羽毛球裁判员的技术等级分为国家级、一级、二级、三级。获得世界羽毛球联合会与亚洲羽毛球联合会有关裁判技术等级认证者,分别为国际A级、国际B级、亚洲A级、亚洲B级,统称为国际级裁判员或裁判长。

第六条　中国羽协负责我国羽毛球国际级裁判员注册和日常管理工作,并对我国国际级裁判员在国内举办的体育竞赛中的执裁工作进行监管。国际羽毛球组织对所属国际级裁判管理有其他规定的按其规定办理。

第七条　中国羽协负责对各级羽毛球裁判员的技术等级认证等工作的监督管理,具体负责对羽毛球国家级裁判员进行技术等级认证等管理工作,负责对羽毛球一级(含)以下裁判员的技术等级认证等工作进行管理和业务指导。

第八条　承接省、自治区、直辖市政府体育主管部门一级裁判员技术等级认证工作职能的省级羽毛球协会,可负责本地区一级(含)以下裁判员的技术等级认证等管理工作。承接地(市)、县级政府体育主管部门二、三级裁判员技术等级认证工作职能的同级地方羽毛球协会,可负责相应二级、三级裁判员的技术等级认证等管理工作。

第九条 地方羽毛球协会组织不健全的,应由相应的地方政府体育主管部门按照本办法的各项规定负责本地区的裁判员的有关监督管理工作。

第十条 符合羽毛球项目一级(含)以下裁判员技术等级认证条件的解放军体育主管部门和体育专业高等院校可负责本系统、本单位羽毛球项目的一级(含)以下裁判员的技术等级认证等管理工作。

第二章 组织机构

第十一条 中国羽毛球协会(以下简称中国羽协)是中国羽毛球裁判员的管理机构,负责制定、执行本规定,管理中国羽毛球裁判员的各项事务。

第十二条 根据《中国羽毛球协会章程》和《中国羽毛球裁判组织工作条例》,成立中国羽协裁判员委员会(以下简称裁委会)。中国羽协裁委会是中国羽协的分支委员会。裁委会由主任1人、副主任2~4人、常委和委员若干人组成,常委会人数为单数。除协会专职工作人员外,裁委会常委和委员为具有国家级以上等级的裁判员。

裁委会主任由中国羽协提名推荐,由裁委会常委无记名投票表决,三分之二以上常委同意通过,由中国羽协批准;裁委会副主任、常委由中国羽协提出差额推荐名单,经裁委会成员选举产生,由中国羽协批准;裁委会委员由各省市体育局或各省市羽毛球协会提名,经中国羽协研究认可,由中国羽协批准。裁委会主任、副主任、常委名单报体育总局备案,并向社会公布。

第十三条 裁委会负责协助中国羽协制定本项目裁判员发展规划;协助组织裁判员培训、考核;资格认证、审查、注册;按规定举办裁判员晋级考试;负责提名推荐报考国际裁判员的人选;负责协助审核并通过担任国内及国际比赛裁判工作的人选;对本项目裁判员的奖惩提出具体意见;根据国际最新规则,修订本项目裁判法和规则等。

第十四条 裁委会委员每届任期四年,由常委会主持日常事务工作,委员可届中增减、连选连任。

第十五条 地方各级体育行政部门和羽毛球协会应根据本地区实际情况参照本章的规定成立裁委会。各省、自治区、直辖市的裁委会由原则上不少于3名国家级、国际级裁判员或曾是该技术等级的裁判员组成,裁委会名单应当向中国羽协备案,并向社会公布。

进行二级、三级裁判员技术等级认证等管理工作的地(市)、县级地方羽毛球协会也应参照本章成立裁委会,由原则上不少于3名一级以上裁判员或曾是该技术等级以上的裁判员组成。裁委会名单向上一级羽毛球协会备案,并向社会公布。

进行一级(含以下)裁判员技术等级认证等管理工作的解放军体育主管部门和体育专业高等院校应当参照本章的规定成立裁委会,裁委会应由原则上不少于3名国家级、国际级裁判员组成。裁委会名单须向中国羽协备案,并向社会公布。

第三章 技术等级申报和资格认证

第十六条 羽毛球裁判员的技术等级由高至低分为国际 A 级、国际 B 级、亚洲 A 级、亚洲 B 级、国家级、一级、二级、三级。

第十七条 中国羽协裁委会负责羽毛球国家级裁判员的考核工作,考试程序与通过人员报中国羽协审批。每 2 年举行一次考试。进行一级、二级、三级裁判员技术等级认证的相应单位,负责本级别的裁判员考核工作,考核认证结果须报上一级羽协备案。

第十八条 羽毛球三级裁判员技术等级认证标准:年满 18 周岁中国公民,具备高中以上学历,能够掌握和运用羽毛球竞赛规则和裁判法,经培训并考核合格者。

第十九条 羽毛球二级裁判员技术等级认证标准:具有一定的羽毛球裁判工作经验,任羽毛球三级裁判员满 2 年,能够掌握和正确运用羽毛球竞赛规则和裁判法,经培训并考核合格者。

第二十条 羽毛球一级裁判员技术等级认证标准:具备丰富的羽毛球裁判工作经验,多次担任省级羽毛球竞赛裁判员的经历,任本项目二级裁判员满 2 年,能够熟练掌握和准确运用羽毛球竞赛规则和裁判法,经培训并考核合格者。

第二十一条 具备基本的职业道德、精通羽毛球项目竞赛规则和裁判法并能准确把握运用、具有较高的裁判理论水平和丰富的实践经验、掌握羽毛球项目竞赛编排方法和外文规则、具备良好的英语交流能力、任一级裁判员满 2 年、经中国羽协裁委会培训并考核合格者,由中国羽协批准成为国家级裁判员。

第二十二条 满足以下条件者可破格参加国家级裁判员资格认证考试:

(一)曾在全国运动员注册系统正式注册的已退役羽毛球运动员,并有过全国青少年分站赛或全国青年锦标赛或全国单项锦标赛或全国团体锦标赛比赛经历;

(二)羽毛球专业本科或以上学历的毕业生;

(三)英语水平高于公共英语六级(含)。

第二十三条 国家级裁判员资格认证考核内容分别为:规则裁判法、竞赛编排、英语、口试与临场执裁。

第二十四条 中国羽协裁委会负责制定报考国际裁判员人员考核办法、提名具体人选,由常委会投票表决相关人选,报中国羽协批准。推荐标准为:

(一)任国家级裁判员满 2 年以上(含);

(二)担任全国性比赛临场裁判员 3 次以上(含);

(三)品行端正,表现优异,无不良记录;

(四)英语执裁、交流能力优秀,综合能力突出。

第二十五条 地方各级体育行政部门和羽毛球协会应参考《体育竞赛裁判员管理办法》及本细则建立健全本地一级、二级、三级羽毛球裁判员技术等级申报和资格认证工作。其中一级裁判员的认证结果,须报中国羽协备案。

第四章　裁判员注册

第二十六条　中国羽协每2年注册一次。注册时裁判员须上交1份裁判员年度工作总结（附件1），材料不全者将不予以注册。

第二十七条　国家级以上裁判员应当由省级体育行政部门或羽毛球协会申报，向中国羽协注册。

第二十八条　注册时须使用中国羽协统一编制的注册登记表格（附件2）。未在规定期限内注册的裁判员，将不安排注册年度和下一年度的裁判工作。

第二十九条　国家级以上裁判员有下列情节者，暂停注册1次：

（一）受到赛区或中国羽协裁委会处罚；

（二）触犯国家法律，并受到刑事处罚；

（三）2年内未达到最低工作量标准；

（四）因健康或其他原因不能胜任裁判工作的。

第三十条　注册合格的国家级以上裁判员须持中国羽协颁发的国家级裁判员证书方能参加全国性羽毛球比赛裁判工作。

第三十一条　国家级以上裁判员调离所在省份或系统，须报中国羽协备案。

第三十二条　地方各级体育行政部门和羽毛球协会应参考《体育竞赛裁判员管理办法》及本办法，组织一级、二级、三级羽毛球裁判员的注册工作。其中一级裁判员的注册结果，须报中国羽协备案。

第五章　裁判员选派

第三十三条　担任大型综合性运动会羽毛球比赛的裁判员名单，原则上由地方体育行政部门和羽毛球协会推荐，中国羽协审核后报国家体育总局批准。其他各级、各类羽毛球羽毛球比赛的裁判员，由各相应体育行政部门和羽毛球协会选派。

第三十四条　在国内举办的国际比赛及全国性比赛中，裁判长和临场裁判员技术等级须为国家级（以上），司线员技术等级原则上不低于一级；省级比赛，裁判长技术等级应为国家级，临场裁判员技术等级须为一级以上，司线员技术等级不低于二级；地、县级比赛，裁判长和裁判员可分别由一级和二级裁判员担任。

第三十五条　担任中国羽协主办和承办的全国性和国际性各类羽毛球比赛和培训的注册裁判员，由中国羽协裁委会选派，其他任何组织或个人均不得擅自推荐或委派。

第三十六条　担任其他协会或部门举办的全国性各类羽毛球比赛的注册裁判员，由中国羽协裁委会选派，其他任何组织或个人均不得擅自推荐或委派。

第三十七条　担任境外组织或协会组织的国际比赛或培训活动的注册裁判员，由中国羽协裁委会选派，裁判员不得自行接受其他境外组织或协会邀请，其他任何组织或个人均不得擅自推荐或委派。

第三十八条　裁判员选派遵循以下原则：

（一）公开原则；

（二）择优原则；

（三）回避原则；

（四）均衡原则；

（五）就近原则。

第三十九条　全国性重大羽毛球比赛裁判员选派程序：

（一）中国羽协裁委会常委会提出选派裁判员的相关要求，并推荐仲裁委员会成员、正（副）裁判长、技术代表、比赛监督等人选，报中国羽协批准。

（二）中国羽协通知中国羽协裁委会按要求推荐裁判员人选。

（三）裁委会常委会对推荐裁判员人选进行审核，将选用的裁判员名单报中国羽协批准。裁委会常委会可在裁委会推荐人选之外，补充推荐适量人选。

（四）中国羽协公示赛事拟选用的裁判员名单。

（五）各参赛单位对公示名单提出意见，并可对公示的裁判员有条件提出回避要求。

（六）通过公示的裁判员应当于赛前与该中国羽协签订《廉洁自律公正执裁承诺书》，切实做到严格自律，遵纪守法，秉公执裁。

（七）全国综合性运动会的半决赛和决赛前，由裁判长、副裁判长或仲裁组织公布拟担任比赛裁判人员范围名单，抽签产生半决赛、决赛临场执裁的名单，并公布。

第四十条　年龄达63岁的一级和国家级裁判员，原则上不再担任临场裁判员和发球裁判员的工作。

第四十一条　地方各级体育行政部门和羽毛球协会的裁判员选派工作可参考本章执行。

第六章　裁判员权利和义务

第四十二条　各级羽毛球裁判员享有以下权利：

（一）参加各级各类羽毛球竞赛裁判工作；

（二）参加各级资质认证部门组织的裁判员学习和培训；

（三）监督本级裁判组织执行各项裁判员制度；

（四）接受赛事主办单位支付的税后酬金；

（五）对羽毛球项目裁判队伍的不良现象进行举报；

（六）对于本级裁判组织做出的技术处罚，有向上一级裁判主管部门申诉的权利。

第四十三条　各级羽毛球裁判员应当承担以下义务：

（一）遵守中国羽协的管理和相关纪律；

（二）保持良好的职业道德，公正执法；

（三）认真钻研羽毛球规则，努力提高业务水平；

（四）培训和指导下一级裁判员；

（五）承担注册单位指派的裁判任务；

（六）配合组织进行相关情况的调查。

第七章　裁判员管理

第四十四条　各级裁委会组织应建立裁判员注册数据库，并向运动队和注册裁判员公布以下内容：

（一）裁判员姓名、注册单位、技术等级；

（二）裁判员参加相应等级竞赛裁判工作记录；

（三）裁判员工作量情况。

第四十五条　各级裁委会组织应至少每2年举办1次裁判员培训和晋升考试。考试内容包括裁判修养、裁判基础理论、英语、规则裁判法、竞赛组织编排、临场实习等。形式可根据实际情况灵活掌握。

第八章　裁判员行为规范

第四十六条　裁判员须加强自身修养，具备良好的职业道德和敬业精神，严于律己、坚持原则、公正执法、顾全大局，自觉抵制各种不正之风和腐败现象。严禁收受贿赂或者进行敲诈勒索。在赛区不得接受任何形式的宴请、馈赠礼品或者高消费娱乐活动，不得私自与运动队接触。

第四十七条　裁判员须奉公守法，遵守赛区或培训班的各项规章制度，遵守作息时间，保证充足的睡眠，确保充沛的体力和精神。严禁酗酒、斗殴、赌博、夜不归宿等不良行为。

第四十八条　裁判员要努力学习和钻研业务，掌握竞赛规程、精通羽毛球规则和裁判法。裁判员之间要相互学习、相互交流、相互支持、相互帮助，共同提高业务水平。

第四十九条　被选派的裁判员须携带裁判证、裁判用具按时到赛区报到。如因故不能参加裁判工作者，须于报到前30天通过所属地方体育行政部门向中国羽协递交书面请假报告。

第五十条　裁判员在工作中必须仪表端庄、自然大方，精神饱满、体力充沛。在全国性比赛中必须按规定着装，佩戴由中国羽协颁发的裁判员等级胸徽。

第五十一条　裁判员到达赛区后要随时查对赛程安排，准时到场、认真参加赛前培训、实习和有关会议，赛后认真总结，不断提业务能力。

第五十二条　裁判员要牢记比赛的主体是运动员。比赛过程中，不炫耀权威，不滥用职权。冷静对待运动员、教练员或观众的激动反应。宣报温和自信，有效地控制比赛。切忌态度傲慢、言辞不端、举止粗鲁。

第五十三条　担任全国比赛的裁判长和裁判员须按有关比赛规程规定的时间到赛区报到，不得迟到、早退或无故延长在赛区的滞留时间。比赛结束后5个工作日内，裁判长须向中国羽协提交赛区裁判长工作报告(附件5)。参加境外学习、工作的裁判员,须在比赛之前签署承诺书(附件6),比赛结束后5个工作日内向中国羽协提交裁判员境外执裁(培训)报告(附件7)。

第五十四条　裁判员在赛区的表现,由裁判长和仲裁进行评定并交中国羽协备案。

第九章　裁判员考核与处罚

第五十五条　各级羽毛球裁判员审批部门至少每两年对本单位注册裁判员进行工作考核。考核结果将与裁判员年度工作量统计以及具体奖惩情况相结合。

第五十六条　根据体育道德风尚奖评选办法,全国性赛事按人数比例评选表彰若干名表现优秀的裁判员,为"体育道德风尚奖"的获得者。

第五十七条　裁判员接受选派参加裁判工作,必须征得人事关系所在单位同意。如未得到许可,产生一切的后果,由裁判员本人承担。造成恶劣影响的,中国羽协裁委会将视严重程度研究进行处理,并将违纪情况记录备案。

第五十八条　在年度内中国羽协组织的全国和国际性比赛中,对于请假两次以上的裁判员,中国羽协裁委会将视情况减少其在下一年度的裁判安排,并将请假情况记录备案。

第五十九条　在本年度内中国羽协组织的全国和国际性比赛中,对于旷赛、迟到、早退的裁判员,中国羽协裁委会将视严重程度研究处罚,并将违纪情况记录备案。

第六十条　对于擅自接受其他社会组织和单位、境外其他有关组织或地区协会委派和邀请的注册裁判员,一经发现,即给予停止裁判工作和裁判培训活动1年、取消其晋升考试资格的处罚;对于屡犯者,将给予严重警告处分,并停止其注册2年。将违纪情况记录备案。

第六十一条　在赛区工作期间,一经发现裁判员存在酗酒、斗殴、赌博、夜不归宿等不良行为,立即取消该次比赛裁判资格,并视情况给予停止裁判工作和裁判培训1—2年处罚。情节严重者,送相关部门依法处理。将违纪情况记录备案。

第六十二条　在赛区工作期间,不遵守赛区纪律或在临场执法中出现漏判、错判者,给予警告。凡在同一比赛中受到2次以上警告的裁判员,取消该次比赛裁判资格。由该次比赛的裁判长在该裁判员证书内注明。将违纪情况记录备案。

第六十三条　凡在比赛中执法不公,有意偏袒一方,妨碍公正执法者,停止裁判工作2年。由该次比赛的裁判长在该裁判员证书内注明。将违纪情况记录备案。

第六十四条　凡在重大比赛中有行贿受贿行为,造成恶劣影响者,将给予撤销技术等级称号、终身禁止裁判工作的处分。触犯刑法者,送相关部门依法处理。

第六十五条　地方各级体育行政部门和羽毛球协会的裁判员奖惩可参考本章执行。

二、羽毛球裁判员的分工职责

(一)裁判长

设裁判长1名,副裁判长若干名。全面负责比赛的裁判工作,保证比赛公正、顺利地进行,解释规则和竞赛规程,做出最后的决定,全面管理竞赛。

(二)裁判组长和司线长

设裁判组长和司线长若干名(大型比赛采取的方法)。

(三)编排记录组长

全面负责抽签、编排顺序册、记录成绩、编制成绩册、资料归档工作。
具体职责如下。

1. 裁判员

主持比赛,管理本场及周围区域,比赛时坐在裁判椅上,执行如下规则。

(1) 及时宣判"违例"或"重发球",并随时在计分表上做相应的记录。

(2) 对申诉在下一次发球前做出裁决。

(3) 使运动员和观众能了解比赛的进程。

(4) 必要时与裁判长磋商,安排、撤换司线员或发球裁判员。

(5) 不能推翻司线员和发球裁判员对事实的裁决。

(6) 当其他临场裁判员不能做出判断时,执行其职责或判"重发球"。

(7) 有权暂停比赛。

(8) 记录与规则有关的"比赛连续性""行为不端"及处罚情况并报告裁判长。

(9) 履行其他未设岗裁判员的职责。

(10) 将申诉提交裁判长。

2. 发球裁判员

坐在矮椅上,视线保持在发球员腰部水平线上,负责宣判发球员发球违例。

3. 司线员

坐在所负责的线的延长线上,察看球在线附近的落点,并以规定的术语和手势进行宣判。

4. 计分员(略)

三、临场裁判员的工作方法

（一）赛前的工作

1. 进场前的工作

（1）检查笔、秒表、挑边器等裁判用品是否带齐，制服、胸徽、仪表是否整洁。

（2）向记录台领取计分表，核对内容，预填有关项目，熟悉运动员的姓名。

（3）和发球裁判员会面，交代需配合的有关事项，提醒他准备比赛用球，带好运动员的姓名牌等。

（4）检查司线员是否做好准备。

（5）必要时召集要参加比赛的运动员入场，当发现运动员未到场时，应立即报告裁判长。

（6）了解进退场的路线，在听到广播或裁判长示意后，带领发球裁判员（有时包括司线员、运动员）一起列队入场。

2. 进场后的工作

进场后到比赛开始前2~3分钟，应完成以下几个主要工作，时间不宜拖得太长。

（1）挑边。指明各自面代表的一方运动员；用手指向上弹起挑边器，使其快速翻转，让其落地或用手接住；指明向上一面代表方有优先挑选权；获优先挑选权者在"发球权""球场的某一边"选择，剩下的归另一方。

（2）在计分表上记录挑边结果，并告诉发球裁判员和计分员，使计分器正确显示运动员所在的场区和姓名；双打比赛时，还应问清谁先发球和谁先接发球，并在计分表上记录。

（3）检查网面、网高和网柱。网面是否有破洞；网两端与网柱之间是否有空隙；网高是否为1.55米，网中间顶部离地面是否为1.524米等等。

（4）检查场地及其周边。场地上是否有异物；界线有无缺损；四周2米内是否有障碍物；停场标志杆、球箱、运动员盛物筐等是否齐全，其备用球拍、毛巾、饮料是否放进规定的地点；裁判员的座位是否适宜。

（5）检查司线员的座位。是否对准各自负责的线，距球场边线2米以上；与司线员做有关配合方面问题的交流。

（6）检查运动员的服装。服装上的广告是否符合比赛规定。双打比赛还要注意两名同伴的服装是否一致。

（7）上裁判椅，宣布比赛开始。

（二）赛中的工作

发球开始至发球结束的一段时间称为发球期。

裁判员主要负责判罚：接发球员在接球时的违例；发球员在发球时未击中球的违例。裁判员应正确分配好自己的注意力，以便在运动员提出申诉时，能有自己的观察依据，或支持发球裁判员的判决，或向裁判长提出自己的意见。

（1）接发球员脚违例：发球时（指发球员开始挥拍至击中球的一段时间），接发球员应站在规定的发球区内，任何一只脚不能踩线、触线、提起、移动。

判罚时机：发球员挥拍至击中球之前。

（2）接发球员干扰违例：故意分散发球员的注意力，如喊叫、故作姿态和双打比赛中贴近前发球线处高举球拍并不断晃动球拍（"高举"和"晃动"两个条件必须并存，缺一不可）。提醒接发球员调整位置继续比赛，如不听劝告，应判违例。

（3）接发球违例：双打比赛中，只有站在发球员对角发球区的接发球员才能接球，如果是同伴回击了发来的球，或不等球落地就用球拍、手或身体任何部位触及球，均判违例。哪怕球是明显飞向错误的发球区或界外。

（4）发球区错误：包括发球员站在错误的发球区发球、轮换发球员错误和接发球员顺序错误三种情况。

判罚方法：抓住时段、错方、胜负三要素方能判罚合理。

①发球前，停止，纠正。

②球已经发出，继续比赛至死球：a.如果错方胜，得分无效，纠正错误，重发球；b.如果错方负，就不纠正错误，直至该局结束；c.如果双方错，纠正错误，重发球。

（5）接发球员未做好准备：判"重发球"。如果接发球员做了回击，应认为做好了准备。

（6）发球时未击中球：等球落地判违例。

（7）发球方和接发球方同时被判违例：判"重发球"。

值得注意的是，"裁判长有权取消其该场的比赛资格"。

（8）改变球形或损坏球：除按规则"警告"—"再犯违例"—"严重或屡犯的直接判违例并报告裁判长"—"裁判长有权取消其该场的比赛资格"处理外，应更换球。

（9）其他行为不端：任何无礼的举止都属行为不端，如不服从裁判员，与裁判员纠缠、拒不恢复比赛、言语粗鲁、对任何人恶语相向、用球拍敲击地面、故意摔抛球拍、拉扯球网或网柱、用球拍拍击球网或网柱等。按规则"警告"—"再犯违例"—"严重或屡犯的直接判违例并报告裁判长"—"裁判长有权取消其该场的比赛资格"处理。

（10）裁判员的处理程序：①制止—招呼运动员来，右手持黄牌宣报"警告，行为不端"—记录。②右手持红牌"违例"—记录—报分。③高举红牌召唤裁判长—裁判长决定取消比赛资格后将黑牌交裁判员—裁判员右手举黑牌宣报"行为不端，取消×××的比赛资格"。

（11）暂停比赛：遇不可控制原因或在裁判长的要求下，裁判员可暂停比赛。应记下比分、发球员姓名、发球顺序，必要时启动秒表。

（12）90秒间歇、5分钟间歇：第一局和第二局间间歇90秒，主要有交换场区、接受指导、场边休息，在70秒时提示运动员"还有20秒"，运动员应立即进入场地，开始第二局比赛。

（13）交换场区：第一局、第二局结束后都要交换场区；第三局比赛，当领先方得到11分时也要交换场区。裁判员宣报"交换场区"，提醒运动员带好随身物品，注意计分器分数是否也做了相应的变动。如果忘了交换场区，一经发现，应立即纠正，比分有效。

（三）赛后的工作

记下比分—宣报最后比分—和运动员握手—仔细填写完记录表—和其他人员一起退场—把记录表交裁判长审核—交记录台。

（四）宣报方法

1. 比赛开始的宣报

每次比赛开始：停止练习—介绍双方运动员—双方做好准备后，"比赛开始，0比0"；第二局比赛开始时，"第二局比赛开始，0比0"；如果有第三局比赛，"决胜局比赛开始，0比0"。

2. 比赛中的宣报

（1）比分：任何时候都先报发球方的分数，再报接发球方的分数。如果发球方丢分，接下来的发球由接发球方执行，则先报接发球方的分数，再报发球方的分数。

（2）界外：球落在没有司线员分管的线的界外时，裁判员先报"界外"再报比分。

（3）违例：不管什么情况的违例，裁判员先报"违例"再报比分。在运动员询问或必要时，再说明是什么违例。

（4）重发球：先报"重发球"，再重新将比分报一遍，以示比分不变，比赛继续。

（5）比赛暂停：意外事故或运动员不能控制的情况下，宣报"比赛暂停"。恢复比赛时，宣报"继续比赛"，同时报当时的比分。

（6）局点、场点：当某一方再得一分即胜了该局（或该场）时，报分前要先报"局点（或场点）"，再报比分。

（7）警告（略）。

（8）一局比赛结束：先报"第一局（第二局或第三局）比赛结束，×××胜，21比×××"。

3. 一场比赛结束的宣报

一场比赛结束时，应先宣报胜方姓名和所有局的比分。

四、发球裁判员的工作方法

通常坐在裁判员对面网柱旁的矮椅上，主要负责以下工作。

1. 判罚发球员在发球时的违例

看到发球员发球违例时,大声宣报"违例",做出规范的手势表明违例性质。

2. 协助裁判员检查场地、器材

协助裁判员检查场地、器材是否完好(如检查网高是否符合标准高度要求)。

3. 协助裁判员管理羽毛球

进场前到羽毛球管理员处领取足够多的羽毛球,带进场地。当裁判员决定更换球时,将旧球收回,并将新球用手掌托着从下向上抛给发球员。

4. 放置停赛标

在局间休息时,放置暂停标志到场地中央网底下。

5. 宣判发球违例

(1) 要求所有运动员在比赛中不论身高,都不得以高于1.15米发球。

(2) 发球时间:当双方做好准备后,发球员球拍的拍头第一次向前挥动(发球开始),直至球拍击中球托或没击中球球落地为止(发球结束)这一段时间。

(3) 发球脚违例:在整个发球时间里,发球员的任何一脚踩线、触线或提起、移动均属违例。当发球员站好位置准备开始发球时,发球裁判员就应注意发球员的脚是否踩线、触线,如果此时不能宣判,应等到"发球开始"即发球员的球拍开始向前挥动时。发球裁判员不必等到球被击出就应宣报"违例"。

(4) 未先击中球托:发球时击球的瞬间,球拍与球的最初接触点不在球的球托上,而是球拍先击中球的羽毛部分或是击中球的羽毛和球托,为发球违例。

(5) 发球过高:发球时击球的瞬间,球的任何部分都不得高于1.15米,若超过1.15米,为"发球违例"。竞赛中这样规定的目的是不让发球员提高发球的击球点,将球平击出去,对接发球员造成不公平的威胁。这里要注意区分两种情况。一种是发球员已经开始挥拍,且球也已离手,球在空中的位置,远高于1.15米,这不属于违例,因为还未击球;另一种是发球员准备发球并开始向前挥拍,球仍保持在低于1.15米的状态,而当快击中球时,突然将球拍上提,球在高于1.15米的位置被击出,这是明显的发球违例。

(6) 发球过手:发球时,当球拍击中球的瞬间,发球员的拍杆没有指向前下方,整个球拍的拍头没有明显低于发球员握拍的手部,为发球过手违例。

(7) 发球动作不连续:发球员的球拍的拍头从第一次向前挥动开始,挥拍必须连续向前。如果发球员的挥拍不是一次性地连续向前将球发出,或向前后改变方向,以及在挥拍的过程中有停顿使对方受骗等,均为发球违例。

6. 发球裁判员的工作要求

(1) 正确分配注意力。

(2) 果断宣判,严格控制发球违例。

(3) 正确处理运动员的询问。

(4) 掌握平稳的判罚尺度。

五、司线裁判员的工作方法

（一）不同数目司线裁判员安排的位置和分工

（1）有 3 名司线裁判员时：2 名分别负责两条端线，余下 1 名负责裁判员对面的一条边线。

（2）有 4 名司线裁判员时：2 名分别负责两条端线，另 2 名分看两条边线，或裁判员对面一条边线各一半，裁判员负责自己这边的边线。

（3）有 6 名司线裁判员时：2 名分别负责两条端线，另 4 名各负责半条边线。

（4）有 8 名司线裁判员时：在 6 名司线裁判员的安排基础上，另 2 名分别负责两条前发球线。

（5）有 10 名司线裁判员时：在 8 名司线裁判员的安排基础上，另 2 名分别负责两条中线。

（二）司线裁判员必须具备的素质

（1）团队精神。
（2）充沛的精力和体力。
（3）心理调节能力。
（4）清晰的界内外概念。
（5）掌握科学的工作方法。

第九章 羽毛球比赛常用竞赛方法

第一节 羽毛球比赛项目

一、团体赛项目

羽毛球团体赛包括男子团体赛、女子团体赛、男女混合团体赛。
团体赛常用的方式有两种。

1. 三场制

（1）每队2~4人参加比赛。共进行三场比赛，常采用两场单打、一场双打。运动员兼项与否，通常由组委会规定，但一个运动员不能兼两场单打。

（2）比赛场序：常采用单—双—单。

（3）通常采用三场两胜制，但小组赛阶段也可赛完三场。

2. 五场制

（1）每队4~9人参加比赛。常采用三场单打、两场双打，共进行五场比赛。一般运动员可兼项，但不能兼同一个项目的比赛。

（2）比赛场序：单—单—双—双—单；单—单—单—双—双；单—双—单—双—单。

（3）混合团体赛场序：通常为男单—女单—男双—女双—混双。

（4）裁判长可根据运动员兼项情况调整场序。

（5）采用五场三胜制，但小组赛阶段也可赛完五场。

二、单项比赛项目

羽毛球单项比赛包括男子单打、女子单打、男子双打、女子双打、混合双打五个项目。

第二节　羽毛球常用竞赛方法

通常在举办一次羽毛球比赛前，主办者要考虑用什么样的方法来使运动员（队）之间进行比赛，以达到决出冠军、亚军和排出其他名次的目的。根据羽毛球竞赛（比赛）本身的特点，在长期实践中，大多采用淘汰制、循环制、佩奇制和混合赛制等竞赛方法。

一、单循环赛

男子单打

			1	2	3	4	胜次	净胜	名次
1	林子磊	（BAL）		29日下一4	29日上一8	29日上一4			
2	徐玉清	（CWA）			29日上二4	29日上二8			
3	邱子河	（HAD）				29日下二4			
4	曾明轩	（ZHG）							

1. 概念

单循环赛就是使参加比赛的所有运动员（队）之间轮流比赛一次，根据积分排列名次的比赛。

（1）优点：这种竞赛制度，有利于通过比赛更多地互相交流经验，比赛结果的偶然性、机遇性较小，比较能反映出各个选手（队）的真正水平，所取得的名次比较符合客观实际。

（2）缺点：单循环赛场数多，比赛时间长，使用场地数量也多。在竞赛人数、时间、场地方面有较高要求。在一定的时间和场地设备情况下，允许参加比赛的人数要比单淘汰赛少得多，而且名次的计算方法也比单淘汰赛复杂。

2. 位置号

参加比赛的运动员（队）在比赛表中的位置编号，称为"位置号"。它是确定竞赛顺序的一个重要依据。

3. 轮和场

轮、轮次、轮数：在单循环赛中，同一组的所有运动员（队）出场比赛一次（轮空除外），称为"一轮"；轮次是指"轮"在比赛中的顺序；完成全部比赛需要进行的轮次，称为轮数。轮数是控制比赛负担量和估算比赛时间的重要数据之一。

人(队)数为偶数时,轮数＝人(队)数－1;人数(队)为奇数时,轮数＝人(队)数。

场、场数:单循环赛中每两方对赛一次为"一场";每一轮所要进行的比赛场数称为每轮场数;全部比赛场数称为总场数。

场数的计算如下。

①每轮场数的计算。

参赛人(队)数为偶数时:

$$每轮场数＝参赛人(队)数\div2$$

参赛人(队)数为奇数时:

$$每轮场数＝[参赛人(队)数－1]\div2$$

②总场数的计算。

$$总场数＝人(队)数\times[人(队)数－1]\div2$$

或

$$总场数＝每轮的比赛场数\times轮次$$

4. 轮次的确定

轮次是确定比赛顺序和计算运动员负担量的主要依据。单循环赛需要使用轮转法来确定。轮转法有很多种,羽毛球比赛常采用"1号位固定逆时针轮转法"。这种方法是1号位置固定不动,其他位置每轮按逆时针方向轮转一个位置,即可排出下一轮的比赛顺序。

例如,6人(队)参加比赛轮次表:

第一轮　第二轮　第三轮　第四轮　第五轮
1对6　　1对5　　1对4　　1对3　　1对2
2对5　　6对4　　5对3　　4对2　　3对6
3对4　　2对3　　6对2　　5对6　　4对5

但人(队)数为单数时,用"0"补成双数,然后按"1号位固定逆时针轮转法"排出各轮比赛顺序。其中遇到"0"者为本轮轮空(本轮没有对手,不需要比赛)。

5. 名次的确定

男子单打

			1	2	3	4	胜次	净胜	名次
1	林子磊	(BAL)		2∶1	2∶0	2∶0	3	5	1
2	徐玉清	(CWA)	1∶2		2∶0	1∶2	1	0	2
3	邱子河	(HAD)	0∶2	0∶2		2∶1	1	－3	4
4	曾明轩	(ZHG)	0∶2	2∶1	1∶2		1	－2	3

(1) 按"胜次"排列,多者名次列前。

(2) 两名运动员"胜次"相同,则两名运动员间比赛的胜者名次列前。

（3）三名或三名以上运动员"胜次"相同,则按在该组全部比赛的净胜局数来确定名次,净胜局数多者名次列前。计算局数后,如还剩两名运动员净胜局数相同,则两名运动员间比赛的胜者名次列前。如仍相同,则按在该组比赛的净胜分数来确定名次,净胜分数多者名次列前。计算净胜分数后,如还剩两名运动员净胜分数相同,则两名运动员间比赛的胜者名次列前。如还有三名或三名以上运动员净胜分数相同,则以抽签决定名次。

（4）团体赛依照上述方法,按胜次—净胜局数—净胜分数顺序计算成绩,如仍分不出先后,则以抽签决定名次。

6. 分组循环赛

男子单打（第一阶段）

	第一组		1	2	3	4	胜次	净胜	名次
1	林子磊	(BAL)		29日下一4	29日上一8	29日上一4			
2	徐玉清	(CWA)			29日上二4	29日上二8			
3	邱子河	(HAD)				29日下二4			
4	曾明轩	(ZHG)							

	第二组		1	2	3	4	胜次	净胜	名次
1	桂安	(DGM)		29日下三4	29日上三8	29日上三4			
2	杨柳	(MZX)			29日上四4	29日上四8			
3	欧阳雨涵	(AUH)				29日下四4			
4	张昊	(CTJ)							

参加比赛的所有运动员（队）分成若干组进行循环赛,称为分组循环赛。

在羽毛球竞赛中,参赛人（队）数不多（一般6人以下）时,通常使用单循环赛直接决出所有名次。

如参赛的人（队）数过多,比赛场地或时间受到限制时,比赛分两阶段进行,第一阶段常使用这种赛制。这样既不过多增加比赛的场数和不需要延长比赛的时间,又能排定各人（队）的名次。

分组循环赛一般以4~6人（队）为一组,组数最好为2的次方（数）,这样更有利于第二阶段的比赛排列。

分组方法如下。

①蛇形进位。

首先把所有参赛者根据一定的条件（如上届比赛成绩）按顺序排列出来,然后以蛇形进位进行分组。

例如,团体赛的16个队分为4组,可按下表分组：

组别	一	二	三	四
位置号 1	(1)	(2)	(3)	(4)
位置号 2	(8)	(7)	(6)	(5)
位置号 3	(9)	(10)	(11)	(12)
位置号 4	(16)	(15)	(14)	(13)

上表括号中的数字是各队的顺序号，它的排列一定要有足够的依据，如根据积分或者根据过往成绩等，使各组水平相当，比赛结果较为合理，且分组方法比较简单、直观，人为干预小。

②抽签进位。

不符合蛇形进位条件时，常采用抽签的方法进行分组。仍以上述 16 个队为例，如有"种子"，首先把"种子"的顺序排列出来，运用"蛇形进位"或"抽签进位"将"种子"进行分组。然后运用"抽签进位"对非"种子"进行排序。

如果每组设 2 个或以上"种子"而又不运用"蛇形进位"，则应把"种子"按组数分成批次，如一、二、三……批，抽签时要做到每组都有一个不同批次的"种子"才合理。

如采用先循环后淘汰制，且一次抽签完成，则"种子"的数目和位置应按单淘汰赛的办法考虑方合理。

二、单淘汰赛制

淘汰制是竞赛中比较常见的一种方法，特别是在人数多、场地少、时间紧的情况下，这种方法更被广泛地采用。淘汰制包括双淘汰、单淘汰等，羽毛球比赛常用单淘汰赛制。

1. 概念

单淘汰赛（制）是羽毛球竞赛的一种基本方式。它是将所有参加比赛的选手（队）编排成一定的比赛顺序，由相邻的两名运动员（队）进行比赛，败者淘汰，胜者进入下一轮比赛，直到剩余最后的一名选手（队），比赛也就全部结束。最后的这名选手（队）就是冠军。

男子单打（第二阶段）

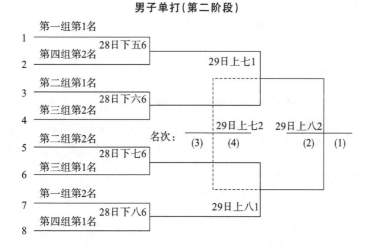

优点：单淘汰赛的比赛双方具有强烈的对抗性，非胜即败，败一次即失去继续比赛的权利。这种比赛办法，可以在很短的时间内，安排大量的选手（队）进行比赛，而且将比赛逐步推向高潮，并在最高潮的一场比赛——冠亚军决赛后结束。按体育竞赛的特点来说，淘汰赛是一种比较好的方法。

缺点：单淘汰赛作为一种竞赛制度在理论上也存在着一系列的缺陷，如由于它不是各人（队）相互之间都进行一次比赛，因此产生的冠军只能是相对的，这说明它的合理性差。另外，这种比赛方法的偶然性也很大，开始排定的比赛顺序，在相当程度上将左右最后的比赛结果。而对于同样一批选手，选用不同的比赛顺序，将出现差异较大的比赛结果。正是由于这种赛制并不完美，在参加人数不是2的次方时，就不能保证在每一轮比赛中都是按照两名选手进行比赛，败者淘汰，胜者进入下一轮这样一种单淘汰赛的基本规律，容易出现机会不均等的现象。另外，单淘汰赛由于负一场就被淘汰，所以大部分运动员和队（特别是实力较弱的）参加比赛的机会较少。因此，竞赛组织者要注意发挥它的优点，克服它的缺点。

2. 位置号

参加比赛的运动员（队），在比赛表中所在位置的编号，称为位置号。位置号是确定竞赛顺序的一个重要依据。羽毛球比赛传统上采用的单淘汰赛表中轮空是没有位置号的。但近年来，在国际羽联举办的赛事中，均使用2的次方"全位表"，轮空也有位置号了。

3. 区

为了使抽签能达到强手和同单位选手合理分开的目的，把单淘汰赛顺序表按1/2的次方划分成几个基本的区域，这些区域称为"区"。比赛表的上半部分为第一个1/2区（上半区），比赛表的下半部分为第二个1/2区（下半区）。第一个1/2区再分成两个部分，上半部分为第一个1/4区，下半部分为第二个1/4区。第二个1/2区再分成两个部分，上半部分为第三个1/4区，下半部分为第四个1/4区。根据位置编号的多少，还可以继续往下分为1/8区、1/16区，名称类推。

4. 轮数和场数

轮、轮数：全部进入本轮比赛的运动员（队）出场比赛一次（轮空除外），称为"一轮"；比赛从开始到决出冠军所需要进行的轮次，称为轮数。各轮分别称为第一轮、第二轮、1/4决赛（8进4）、半决赛（4进2）、决赛（决出冠军）。

单淘汰赛的轮数等于或大于最接近的运动员人（队）数的2的次方，是2的几次方即为几轮。如8人为3轮；28人为5轮等。

场、场数：每两方进行一次比赛为"一场"，场数可分为比赛总场数、每轮比赛场数、每人比赛场数。场数的计算公式为

比赛总场数＝人（队）数－1

每轮比赛场数＝本轮人（队）数÷2　（轮空除外）

每人比赛场数＝本人有资格参加的轮数

5. 轮空

轮空：当参加比赛的人（队）数为4、8、16、32、64或较大的2的次方时,每一轮比赛他们都要按比赛顺序成对相遇进行比赛,没有轮空。但参加比赛的人（队）数不是2的次方时,第一轮就有选手轮空,本轮不需要比赛,这名选手直接进入第二轮。一般情况下只有第一轮有轮空,但如果某一轮有弃权,则下一轮可能会有轮空出现。

轮空数：参加比赛的人（队）数不是2的次方时,轮空数等于下一个较大的2的次方减去比赛的人（队）数。如29人参加比赛,则第一轮的轮空数为3个。

轮空位置：轮空数为双数时,根据参赛人数的多少,将轮空位置平均分布在比赛表中不同的1/2区、1/4区、1/8区和1/16区；轮空位置为单数时,上半区多一个轮空位置。"64人（队）以下时,应将轮空位置平均分配到8个不同的1/8区。65人（队）以上时,应将轮空位置平均分配到16个不同的1/16区。"上半区轮空位置的顺序应从上往下排,位于各区的顶部；下半区轮空位置的顺序应从下往上排,位于各区的底部。

例如,13个单位参加比赛,轮空数为16－13＝3（个）；2个轮空位置在上半区,1个轮空位置在下半区。这样,第一轮比赛有5场比赛。

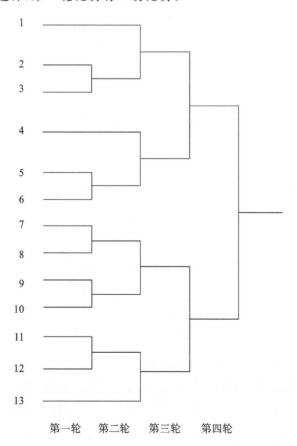

第一轮　第二轮　第三轮　第四轮

6. "种子"

为了尽可能克服竞赛方法所造成的不合理性,使比赛最后产生的前若干名选手基本上为参加比赛的全体选手中较优秀的部分,在赛前把一些优秀选手列为"种子",避免他们过早相遇,在抽签时使他们平均分布到不同的区域。

1) 确定"种子"的原则

"种子"应该是本项目当时最好的选手;"种子"应根据排名和技术水平确定。技术水平主要通过运动员参加各级比赛所取得的成绩体现,所以确定"种子"通常以过往成绩作为依据,而过往成绩又以高级别比赛先于低级别比赛,远的比赛服从近的比赛。目前国际比赛通常将积分排名作为确定"种子"的依据,业余比赛通常以上届比赛成绩作为依据。

在没有比赛成绩作为依据时,可以不设"种子",但赛事组委会仍可以自定"种子"依据,设立"种子",比如各单位的第一号选手为"种子"等等,但应在抽签前做出相应的说明。

2) "种子"数量及分布

规则规定:72个(对)或72个(对)以上运动员(队)参加的比赛,最多设16个种子,分布在各个1/16区;32个(对)或32个(对)以上运动员(队)参加的比赛,最多设8个种子,分布在各个1/8区;16个(对)或16个(对)以上运动员(队)参加的比赛,最多设4个种子,分布在各个1/4区;少于16个(对)运动员(队)参加的比赛,最多设2个种子,分布在2个1/2区。

但种子数量并不是绝对的,竞赛组委会完全可以本着使竞赛更公平、更合理的原则来确定"种子"数量。

3) "种子"位置和"种子"进位

只设两个"种子"时,1号"种子"在上半区的顶部,2号"种子"在下半区的底部。

设4个"种子"时,1、2号"种子"按上述办法定位,3、4号"种子"位于第二个1/4区的顶部和第三个1/4区的底部,抽签进位。

设8个"种子"时,1、2、3、4号"种子"按上述办法定位,5、6、7、8号"种子"位置为第二、第四个1/8区的顶部,第五、第七个1/8区的底部,抽签进位。

如同单位有两名种子选手,应抽签进入不同的1/2区;同单位有3名或4名种子选手,应抽签进入不同的1/4区,其1、2号选手及3、4号选手应抽签进入不同的上、下半区;同单位有5到8名种子选手,应抽签进入没有本单位队员的不同的1/8区。

4) 非种子选手的抽签

抽签前应该确定抽签顺序,在"种子"进位及抽签进位后,非种子选手按抽签顺序进行抽签进位,如果没有同队运动员,该运动员可以抽签进入任何一个空位;如同队有两名或以上运动员参赛,应按以下办法抽签进位。

1、2号选手,分别抽签进入不同的1/2区;3、4号选手,分别抽签进入不同的1/2区中没有同队选手的 1/4 区;5、6、7、8 号选手,分别抽签进入不同的 1/4 区中没有同队选手的 1/8 区。

注意:任何级别的比赛都要遵照这些规定执行。但目前国际羽联已经在一些国际性的公开赛中,为避免同一国家垄断某一项目的比赛,在抽签时已经不考虑同单位因素,只按运动员在国际羽联的排名先后进行抽签。

例如:

(1) 以 17 人(对)参加比赛为例。

比赛表中第一轮,上半区轮空位置应为 1 号位至 8 号位,下半区轮空位置应为 11 号位至 17 号位。1、2 号"种子"分别定位在 1 号位、17 号位,3、4 号"种子"通过抽签分别进入 5 号位和 13 号位。

(2) 以 33 人(对)参加比赛为例。

1、2 号"种子"分别定位在 1 号位、33 号位。3、4 号"种子"通过抽签分别进入 9 号位和 25 号位。5、6、7、8 号"种子"通过抽签分别进入 5 号位、13 号位、21 号位和 29 号位。

7. 附加赛

单淘汰赛只决出冠军、亚军,1/4 决赛的负方并列第 5 名,半决赛的负方并列第 3 名。如果要决出第 2 名以后的若干名次,则要在若干的负方之间增加比赛,这部分负方之间的比赛,称为附加赛,在比赛表中通常用虚线画出。附加赛的轮次对应于正赛的轮次。附加赛的场数取决于比赛所要决出的名次数:如决出 1~16 名,则要增加 12 场附加赛;决出 1~8 名,则要增加 5 场附加赛;决出 1~4 名,则要增加 1 场附加赛。

8. 预选赛

如果参加比赛的运动员超过 64 人(对),建议竞赛组织者在裁判长的监督下,进行争夺参加正式比赛资格的比赛(称为预选赛)。

(1) 未被直接安排参加正式比赛的运动员,将参加竞赛组织者安排的旨在进入正式比赛规定位置的预选赛。

(2) 建议在正式比赛的抽签环节中,每 8 个位置最多只能安排一个获得进入正式比赛资格的运动员。

三、佩奇制

佩奇制是从淘汰制变异出来的赛制,通常用于分两个小组进行第一阶段比赛后的第二阶段决出名次时使用的一种赛制。这种赛制是由两个小组赛的前两名进入前四后,两个小组的第一名对赛一场,胜者进入决赛,负者则与两个小组的第二对赛的胜者再进行一场比赛争夺决赛权,负者为第三名,两个小组第二对赛的负方为第四名。

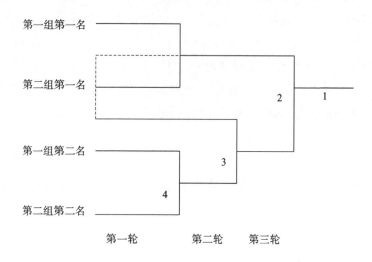

四、混合赛制

混合赛制是指在同一项目的比赛分阶段进行，而各阶段采用不同的竞赛方法的一种竞赛方式，在羽毛球比赛中经常使用。

常用方法如下。

（1）第一阶段采用分组单循环赛，第二阶段各组同名次或一、二名再单循环的办法，决出所有名次。

（2）第一阶段分组循环，第二阶段交叉单淘汰赛决出名次。羽毛球竞赛中较多采用这种方法。

（3）第一阶段分组循环，第二阶段采用佩奇制决出若干名次。

分组、分阶段采用不同的竞赛方法也是解决羽毛球竞赛中人数多、场地少、时间紧等矛盾的好办法，它集淘汰制和循环制的长处，使比赛既能比较客观地反映运动员比赛的真实水平，又能在短时间内完成比赛任务。

由于各阶段采用的竞赛方法不同，而各阶段的比赛又有密切的联系，这势必给竞赛组织工作带来一些困难，因此，在竞赛组织工作中，应该通盘考虑，注意前后兼顾。

第十章 羽毛球比赛的编排工作简介

第一节 编排工作简介

一、编排工作的目的

按照竞赛规程的要求,执行羽毛球相关规则的规定,将参赛的运动员(队)合理安排在不同时间、不同场地完成比赛任务。

二、编排工作应遵循的原则

"合理、准确、科学、迅速"。

"合理"是编排工作应达到的最终目的;"准确"说明编排工作的操作水平;"科学"是编排工作应使用的手段;"迅速"说明编排工作的操作能力。

三、编排工作必须遵循的两个文件——规程和规则

规程是主办单位根据竞赛宗旨、总则制定的政策性文件,是比赛的指导文件。

规则是国际羽联根据本项目的特点制定的用于比赛的法则。编排人员必须熟读和通晓上述两个文件。

四、编排工作方法

1. 认真研究和理解竞赛规程。

竞赛规程的内容如下。

①竞赛日期和地点：预赛、决赛。

②竞赛项目：团体、单项、混合团体。

③参加单位：是否为协会成员。

④竞赛资格：规定参加人员的资格。

⑤参加办法：人数规定，运动员条件，报名和报到以及出场顺序规定。

⑥竞赛办法：淘汰、循环、直接进决赛，业余比赛特殊方法。

⑦比赛用球：预赛、决赛。

⑧录取奖励：注意单双打计算。

⑨裁判长和裁判员：报到时间。

2．审核报名单

接受报名：审核报名单是确认参加团体和各单项比赛的参赛队和参赛选手的必需程序，是竞赛工作中最基本的工作。羽毛球就其本质而言，是属于个人之间的比赛，团体赛成绩是个人比赛成绩的累计，单项比赛是直接的个人之间的比赛。所以，羽毛球比赛接受报名，审核报名表肯定比大球比赛要烦琐得多，加上年龄组别、性别、项目的不同，更增加了审核的难度。特别是大型国际比赛，由于译名的差异，难度更大。为了做好这项基础工作，首先要确定责任制，由专人负责；第二要求报名信息填写必须规范；第三要求所有报名信息更改必须与原报名流程配套。

3．统计参赛人数

准确的参赛人数是大会组织者进行编排工作的重要依据，因此在设计统计表时，必须按项目、男/女年龄组以及教练员、领队、医生等来分项统计。统计参赛人数是一项十分细致的工作，必须要反复核对，容不得半点马虎。否则，后面的工作将因此而功亏一篑。常用的统计表有如下几种。

（1）项目人数汇总表：用于统计各项目，各年龄组参加比赛的队数、人数，以便最终确定具体编排方案。

（2）人数统计表：用于统计整个比赛的各单位男运动员、女运动员、领队、教练员、医生人数，此表可提供给大会组委会、安保、行政、宣传等部门。

（3）运动员兼项表：用于了解各组各项目运动员兼项情况，以便调整竞赛日程和场序、场地编排方案。

4．竞赛方法的理解

（1）先分组循环后淘汰的方法。

①分组实际上是后面淘汰的分区，应遵循淘汰赛的某些规定。

②同单位选手必须平均分配在不同的1/2区、1/4区或1/8区等。

③单淘汰赛的交叉抽签和第二次抽签必须遵循的三个原则如下。

其一，第一轮比赛必须是一个小组的第1名和另一个小组的第2名相遇。

其二，同一单位选手合理分开最后相遇。

其三,第一阶段同一小组的两名选手在第二阶段第一轮不相遇。

(2) 单淘汰赛。

①"轮空"和"增位"两者是一致的。若有差别是视角差异问题,而不是原理问题。"增位"是以小于或接近 2 的次方为视角,"轮空"则以大于或接近 2 的次方为视角。羽毛球比赛较多使用"轮空"的概念。

②单淘汰赛的附加赛只增加场数,不增加轮次。

③单淘汰赛有多少个"增位",第一轮就有多少场球。

④单淘汰赛附加赛规范。

⑤佩奇制淘汰赛。

⑥单淘汰赛表的选定方法。

⑦抽签结果的检验。

(3) 单循环赛。

①1 号位固定逆时针轮转法。

②同组同一单位的选手必须第一轮相遇。

③名次计算方法。

5. 竞赛日程方案设计

方案是在一定条件下,通过各种设计,制订出来的多种可行性预案。设计竞赛日程方案至今还没有听说可以用电脑替代。不能以电脑替代的主要原因就是其本身技巧性比较强,如果说抽签技术要尽量避免人为因素,那编排技术则尽量要发挥人的主观因素,所以竞赛日程方案设计,能否优中选优,在很大程度上还是要靠人来决定。

设计竞赛日程方案应该考虑的几种因素。

①必须符合规则规定的竞赛负担量。

②在项目安排上,先单后双,先小后大,先女后男,先团体后个人,先短时间,后长时间,先一般,后精彩。

③在场次安排上,前紧后松,前多后少,但在安排循环赛时,可考虑按中—多—少来排。

④在每天的场次安排上应按上午中,下午少,晚上多来安排。

⑤"打死不拆轮"。但非拆轮不可时,一定要考虑贯彻机会均等原则。

⑥前一天晚上和第二天上午的比赛,因中间至少休息了 6 小时,故不应视为连续比赛。

⑦全国锦标赛每节每个场地不可超过 6 场。双打、混合双打比赛不可超过 7 场。全国青少年比赛不可超过 8 场。全国少年儿童比赛不可超过 10 场。

⑧尽量充分利用场地,场地变化不可太大。场馆利用合理。裁判组分工均匀。

6. 场地安排方法

①不连场,不重场,不漏场。

②先归馆,后归场。

③一律固定场、馆、场序。

④主馆、副馆、主场、副场的利用。

⑤一个队几个队员同一节比赛尽量安排在不同场序,以便教练指导。

⑥编排工作的检验。

7. 大会活动日程

大会活动日程是整个比赛各项活动的具体安排,比如报到、组委会会议、比赛时间等等。整个活动的主要内容当然是比赛。但是,有许多人在填写内容时,从头到尾都是比赛,显得非常笼统,使人搞不清究竟什么时候是预赛,什么时候是决赛。因此,在安排大会活动日程时,每一节都要写清楚、写具体。

日期	时间	内容
10月13日	晚上7—9点	裁判员、运动员报到 组委会会议
	晚上8点30	裁判长、领队、教练员联席会议
	晚上9点30	裁判员会议
10月14日	上　午	男单第一轮 女单第一轮 混双第一轮
	下　午	男单第二轮
	晚　上	混双第二轮 男单第三轮 女单第二轮 男双第一轮 女双第一轮
……	……	……

8. 团体赛交换名单

团体赛交换名单是记录组的一项重要工作,该项工作虽由大会裁判长主持,但具体工作一般由记录人员在裁判长的主持和指导下,严格按照规程和规则以及大会的规定执行。

①各队所交换的名单,必须是以复写纸填写的,一式三份。

②审查一式三份名单是否一致。

③审查名单是否按照出场顺序排列。

④审查填写名单的人是否签名。

⑤做好保密工作,保证公平竞争。

⑥督促各队按时交换名单。

9. 记录组工作职责

①填写每一场比赛计分表并负责分发。

②负责每一场比赛的人名牌分发。

③向裁判长和有关人员提供每一节的比赛项目表(分场表)。

④收集比赛计分表,协助裁判长逐一审核。

⑤成绩公布栏的填写。

⑥汇总成绩册。

⑦向大会裁判长、颁奖组织人员、新闻单位、科研人员提供获奖人员名单。
⑧按照项目,预决赛前后将计分表分类归档。

第二节 竞赛日程编排案例分析

一、熟读规程,领会其主要精神

例如,2016年武汉经济技术开发区(汉南区)"万科杯"第六届职工羽毛球比赛,根据报名情况,完成竞赛日程编排工作。

注:案例中所涉及的单位、媒体只用于比赛介绍,不用于商业宣传。

附:竞赛规程

1. 主办单位
武汉经济技术开发区(汉南区)总工会
2. 协办单位
武汉经济技术开发区(汉南区)管委会、武汉经济技术开发区(汉南区)党政办公室、武汉经济技术开发区总工会
3. 承办单位
武汉市羽毛球协会、武汉体育中心发展有限公司
4. 赛事总冠名单位
万科集团
5. 赞助及战略合作单位
中国邮政储蓄银行、奥加林
6. 媒体支持
长江日报、楚天都市报、新浪网、武汉经济技术开发区(汉南区)门户网站
7. 比赛日期
2016年10月17日至2016年10月18日
8. 比赛地点
武汉体育中心体育馆

9. 比赛项目

团体赛：第一男双、男子单打、混合双打、第二男双、女子双打。

单项比赛：男子单打、男子双打、混合双打、女子单打、女子双打。

10. 参赛办法

（1）参赛资格：各单位统一报名，不接受个人报名。每队队员10名，领队1名，队员可兼领队。每个单位单项比赛限报10人，每名队员限报1个单项比赛，不得兼项。

（2）参赛选手须在区内企事业单位工作，各参赛单位的运动员必须具有第二代居民身份证，且年满23周岁，身体健康。

（3）所有现役羽毛球职业运动员不得参加本次比赛，退役满1年的运动员并且在本单位任职的职工限报2名（不限男女），名单上需要在名字后标注"（注）"，退役且在本单位任职满5年的运动员不需要备注，其他没有标注的运动员名单中若审核出有退役的运动员，则该运动员不能出场比赛。

11. 参赛要求

（1）团体赛

第一男双：

两人年龄相加要超过45周岁，最小要满23周岁。

男子单打：

1992年12月31日至1980年1月1日出生。

混合双打：

两人年龄相加要超过55周岁，最小要满24周岁。

第二男双：

两人年龄相加要超过75周岁，最小要满30周岁。

女子双打：

两人年龄相加要超过55周岁，最小要满24周岁。

（2）单项比赛

男子单打：

A组28～39周岁。

B组40周岁以上。

男子双打：

A组两人年龄相加要超过75周岁，最小要满30周岁。

B组两人年龄相加要超过90周岁，最小要满40周岁。

混合双打：

两人年龄相加要超过75周岁，最小要满30周岁。

女子单打：

A组24～35周岁。

B组36周岁以上。

女子双打：

两人年龄相加要超过60周岁，最小要满28周岁。

12. 竞赛办法

(1) 竞赛规则：采用中国羽毛球协会审定的最新《羽毛球竞赛规则》和国际羽联公布的最新规则。

(2) 各单项比赛按年龄分组（以2016年12月31日为基准，以周岁计，"以上""以下"均含本数）。

(3) 团体赛：第一阶段小组循环赛5项打完，采用21分每球得分制（到21分比赛结束），一局定胜负。团体赛第二阶段淘汰赛"见三收"，一方赢得三场即结束，采用21分每球得分制（到21分比赛结束），三局两胜。

(4) 单项比赛：第一阶段分组循环，采用21分每球得分制（到21分比赛结束），一局定胜负；第二阶段单淘汰赛（进入单打前8名，双打前8对后），采用21分每球得分制（到21分比赛结束），三局两胜。具体分组情况以顺序表为准。

13. 弃权和罢赛

(1) 正常弃权：在一场比赛进行中，运动员凡因伤病（允许治疗5分钟，出现流血现象可适当延长）或其他原因不能继续比赛者按该场比赛弃权论。

(2) 非正常弃权：除以上正常弃权范围以外，其他均属非正常弃权。

(3) 特殊情况：根据出现的具体情节进行特殊处理。

①赛前交换比赛队出场名单时，按规定时间迟到超过5分钟者，被判该次比赛弃权。

②每场比赛出场运动员迟到超过5分钟者，被判该场比赛弃权，第一次比赛以比赛开始计算时间，其他场次的比赛以裁判员宣布上一场比赛结束（弃权）后计算时间。

③在一团体赛中出现两场弃权的队，被判该次团体赛弃权。

(4) 罢赛：比赛中运动员应服从裁判，有异议可通过临场裁判向裁判长反映，对裁判长的裁决仍有异议者，可向组委会提出申诉，运动员或俱乐部不论什么原因造成比赛不能进行或中断比赛，或临赛不能出场，赛后拒绝领奖等，超过5分钟（经劝解说服教育工作后计算时间）为罢赛。运动员的资格在赛前审定后，任何单位不得因资格问题影响比赛的顺利进行，纠缠的一方按罢赛处理，取消所有比赛成绩。赛场一旦出现罢赛运动员或俱乐部，组委会有权根据具体情况进行处罚。

14. 申诉、仲裁和裁判员

(1) 申诉。

①运动员参赛资格申诉流程。

第一，申诉单位向仲裁委员会提交书面申请。

第二，仲裁委员会接收申诉并通过取证调查做出仲裁。

第三，仲裁委员会将仲裁结果告知申诉方领队。

②比赛中对判罚不服提出申诉的流程。

第一，参照《羽毛球竞赛规则》执行，运动员可向当值裁判员申诉，领队或教练可向裁判长申诉。

第二，申诉不得延误比赛，对于经申诉调解后仍不服从判罚的运动员或运动队，当值裁判员将按照《羽毛球竞赛规则》的相关条款进行处罚。

第三，当值裁判员的裁决为比赛的最终裁决。

（2）仲裁。

本次比赛仲裁委员会由武汉市羽毛球协会、赛事组委会相关人员组成。仲裁委员会全权负责比赛中对俱乐部参赛运动员资格的申诉。

赛事组委会委托武汉市羽毛球协会选派本次比赛裁判长及裁判员。

15．对于违反体育道德行为的处罚

（1）对于比赛出现的运动员或教练不服从裁判判决，出言不逊、恐吓、辱骂裁判等各种违反体育道德的行为，除按《羽毛球竞赛规则》进行处罚外，还将对个人进行禁赛处理，并视情节扣除其所在俱乐部本轮比赛相应积分（具体分值由仲裁委员会确定）。

（2）队员比赛过程中参赛俱乐部工作人员出现不服从裁判管理，出言不逊、恐吓、辱骂裁判等各种违反体育道德的行为，除对个人进行禁赛处理外，还将视情节扣除其所在俱乐部本轮比赛相应积分（具体分值由仲裁委员会确定）。

（3）队员比赛中出现弄虚作假、冒名顶替等各种违反体育道德的行为，经组委会确认后将取消该参赛队本次比赛的参赛资格和给予禁赛2年的处罚，并公开通报批评。

16．其他

（1）比赛用球：由大赛组委会统一提供。

（2）如双方开始比赛，即为双方队员认可对手的资格，不得罢赛闹事，影响比赛的正常进行，中途退出比赛者作为弃权处理。

（3）由大赛组委会统一随机抽签，编排分组。

（4）根据赛事进程，裁判长有权调整比赛场序和场地。

17．录取名次和奖励

（1）团体录取前8名。第1名、第2名、3到4名并列第3名、5到8名并列第5名。

（2）各单项比赛取前8名。第1名、第2名、3到4名并列第3名、5到8名并列第5名。

（3）大赛设特别贡献奖、组委会特别奖。

18．解释权

本规程解释权归大会组委会。未尽事宜，另行通知。

二、有计划、有步骤地完成竞赛日程编排工作

1. 竞赛日程

日期	开赛时间	竞赛项目与轮次
10月17日	上午 8:30	团体赛第一阶段（循环赛）
		团体赛第二阶段第一轮（1/8赛）
	下午 14:00	团体赛1/4赛、半决赛、决赛
10月18日	上午 8:30	A组男单第一阶段循环赛、1/8赛、1/4赛
		A组男双第一阶段循环赛、1/8赛、1/4赛
		B组男单第一阶段循环赛、1/8赛、1/4赛
		B组男双第一阶段循环赛、1/8赛、1/4赛
		混双第一阶段循环赛、1/8赛、1/4赛
	下午 14:00	A组男单半决赛、决赛
		A组男双半决赛、决赛
		B组男单半决赛、决赛
		B组男双半决赛、决赛
		混双半决赛、决赛

（1）本步骤重要的是数据要准确，要认真计算，反复核对。

（2）要考虑场地负担量和运动员负担量，同时兼顾运动员连场问题。数字要与第一步结果吻合。

（3）避免"连场""重场"，运动员要轮流使用场地，各场地项目要合理分配。结果要与上一步吻合。

2. 将编排结果落实到具体场次，完成竞赛顺序表并提交给组委会公布

（1）团体赛分组。

混合团体（第一阶段）

1组		1	2	3	胜次	净胜	名次
1	东风本田		团37 17日上午 1(3)	团19 17日上午 1(2)			
2	技术中心1队			团01 17日上午 1(1)			
3	云克隆科技						

续表

	2组	1	2	3	胜次	净胜	名次
1	经开一队		团38 17日上午 2(3)	团20 17日上午 2(2)			
2	友德汽车			团02 17日上午 2(1)			
3	市场监管局						
	3组	1	2	3	胜次	净胜	名次
1	银光电力		团39 17日上午 1(5)	团21 17日上午 1(4)			
2	海特生物			团03 17日上午 7(2)			
3	江汉大学						
	4组	1	2	3	胜次	净胜	名次
1	至乐馆		团40 17日上午 2(5)	团22 17日上午 2(4)			
2	东风房地产			团04 17日上午 8(2)			
3	开发区海关						
	5组	1	2	3	胜次	净胜	名次
1	沌阳街		团41 17日上午 3(5)	团23 17日上午 3(4)			
2	车都二队			团05 17日上午 9(2)			
3	军山工贸						

续表

6组		1	2	3	4	胜次	净胜	名次
1	三环汽车		团42 17日上午 3(3)	团24 17日上午 3(3)	团06 17日上午 3(1)			
2	开发区二初			团07 17日上午 4(1)	团25 17日上午 4(2)			
3	湖北省地质局				团43 17日上午 4(3)			
4	东风乘用车							

7组		1	2	3	4	胜次	净胜	名次
1	神龙公司		团44 17日上午 5(3)	团26 17日上午 5(2)	团08 17日上午 5(1)			
2	协和齿环			团09 17日上午 6(1)	团27 17日上午 6(2)			
3	哈金森				团45 17日上午 6(3)			
4	东风贝尔							

8组		1	2	3	4	胜次	净胜	名次
1	商用车技术中心		团46 17日上午 7(4)	团28 17日上午 7(3)	团10 17日上午 7(1)			
2	经开二队			团11 17日上午 8(1)	团29 17日上午 8(3)			
3	开发区一中				团47 17日上午 8(4)			
4	经开能源							

续表

9组		1	2	3	4	胜次	净胜	名次
1	武汉商学院		团48 17日上午 9(4)	团30 17日上午 9(3)	团12 17日上午 9(1)			
2	非凡电源			团13 17日上午 10(1)	团31 17日上午 10(3)			
3	顶津食品				团49 17日上午 10(4)			
4	东本储运							
10组		1	2	3	胜次	净胜	名次
1	体育中心		团50 17日上午 11(4)	团32 17日上午 11(3)			
2	通好机电			团14 10日上午 11(1)			
3	明达玻璃						
11组		1	2	3	胜次	净胜	名次
1	工建彩钢		团51 17日上午 12(4)	团33 17日上午 12(3)			
2	三环工塑			团15 17日上午 12(1)			
3	管教所						
12组		1	2	3	胜次	净胜	名次
1	协和医院		团52 17日上午 4(5)	团34 17日上午 4(4)			
2	庭瑞观澜			团16 10日上午 10(2)			
3	技术中心2队						

续表

13组		1	2	3	胜次	净胜	名次
1	东风总部		团53 17日上午 5(5)	团35 17日上午 5(4)			
2	经开三队			团17 17日上午 11(2)			
3	名辛电子						

14组		1	2	3	胜次	净胜	名次
1	车都一队		团54 17日上午 6(5)	团36 17日上午 6(4)			
2	理研汽配			团18 17日上午 12(2)			
3	法雷奥						

混合团体（第二阶段）

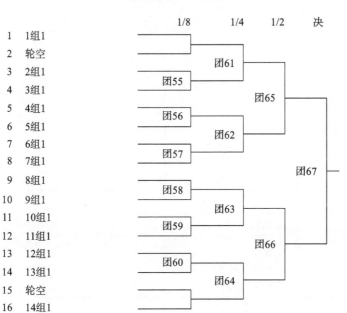

1	1组1
2	轮空
3	2组1
4	3组1
5	4组1
6	5组1
7	6组1
8	7组1
9	8组1
10	9组1
11	10组1
12	11组1
13	12组1
14	13组1
15	轮空
16	14组1

(2)单项比赛分组。

A组男子单打(第一阶段)

	A组男单 第1组		1	2	3	胜次	净胜	名次	场地	比赛时间
1	高健	东风本田汽车							1	18日上
2	陈奕坤	武汉工建彩钢工程								
3	张勇鹏	东风商用车技术中心								08:30

	A组男单 第2组		1	2	3	胜次	净胜	名次	场地	比赛时间
1	王康	佑图物理应用							2	18日上
2	董杰	亚大汽车塑料								
3	邓伟	武汉巨迪金属管业								08:30

	A组男单 第3组		1	2	3	胜次	净胜	名次	场地	比赛时间
1	刘旭林	武汉协和齿环							3	18日上
2	周海清	法雷奥车灯								
3	冯杰	汤湖公园								08:30

	A组男单 第4组		1	2	3	胜次	净胜	名次	场地	比赛时间
1	刘爽	SEW-传动设备							4	18日上
2	李永凯	东风商用车技术中心								
3	段青青	哈金森								08:30

	A组男单 第5组		1	2	3	胜次	净胜	名次	场地	比赛时间
1	李州	亚大汽车塑料							5	18日上
2	朱冰冰	汤湖公园								
3	施子超	东风本田汽车								08:30

	A组男单 第6组		1	2	3	4	胜次	净胜	名次	场地	比赛时间
1	肖佳	智慧生态城								7-8	18日上
2	杨兆路	湖北军山工贸									
3	姚生川	武汉协和齿环									
4	徐鹏	湖北新业烟草									08:30

	A组男单 第7组		1	2	3	4	胜次	净胜	名次	场地	比赛时间
1	张松	东风至乐球馆								9-10	18日上
2	易武强	武汉天高熔接									
3	高忠亮	湖北长天通信科技									
4	黄庆鑫	亚大汽车塑料									08:30

续表

	A组男单 第8组		1	2	3	胜次	净胜	名次	场地	比赛时间
1	周迪	汤湖公园							6	18日上 08:30
2	吴涛	佑图物理应用								
3	郭伟	东风商用车技术中心								

	A组男单 第9组		1	2	3	胜次	净胜	名次	场地	比赛时间
1	肖铭	SEW-传动设备							11	18日上 08:30
2	李开翔	武汉车都轨道交通								
3	王俊	武汉体育中心								

	A组男单 第10组		1	2	3	胜次	净胜	名次	场地	比赛时间
1	罗优	智慧生态城							12	18日上 08:30
2	张意	武汉协和齿环								
3	胡凌云	哈金森								

	A组男单 第11组		1	2	3	胜次	净胜	名次	场地	比赛时间
1	杨建利	东风本田汽车							1	18日上 08:55
2	熊捷	汤湖公园								
3	张露	理研								

	A组男单 第12组		1	2	3	胜次	净胜	名次	场地	比赛时间
1	殷立归	神龙汽车有限公司							2	18日上 08:55
2	王庆	东风商用车技术中心								
3	熊灿	亚大汽车塑料								

A组男子双打

	A组男双 第1组			1	2	3	胜次	净胜	名次	场地	比赛时间
1	王胜吉	黄涛	东风至乐球馆							3	18日上 08:55
2	赵俊	刘小明	武汉恒通汽车线束								
3	王晓东	王明明	智慧生态城								

	A组男双 第2组			1	2	3	胜次	净胜	名次	场地	比赛时间
1	刘敏	张建波	理研							4	18日上 08:55
2	甘家新	孔雪松	开发区第二初								
3	张毅炜	朱光磊	吉布达伟士								

A组男双 第3组			1	2	3	胜次	净胜	名次	场地	比赛时间
1	高考	马宏俊	武汉商学院							1	18日上 09:20
2	高嵩	李军	武汉长光电源								
3	张爱民	上官敬龙	东风房地产								

A组男双 第4组			1	2	3	4	胜次	净胜	名次	场地	比赛时间
1	胡志斌	王有琦	武汉车都建设投资							5-6	18日上 08:55
2	周进	吴元明	湖北银光电力								
3	牟东宁	高志羽	可口可乐								
4	熊文涛	刘锋碧	开发区一中								

A组男双 第5组			1	2	3	4	胜次	净胜	名次	场地	比赛时间
1	王竞	朱翔	佑图物理应用							7-8	18日上 08:55
2	罗曼	熊飞	武汉协和齿环								
3	李柏	唐平	武汉工建彩钢工程								
4	潘庆选	张衡	东风商用车技术中心								

A组男双 第6组			1	2	3	4	胜次	净胜	名次	场地	比赛时间
1	赵玮	高仕杰	东风雷诺							9-10	18日上 08:55
2	陈宇元	高月	武汉经开能源科技								
3	任江	张俊	爱美克环保								
4	明廷雪	郑家才	吉布达伟士								

A组男双 第7组			1	2	3	4	胜次	净胜	名次	场地	比赛时间
1	颜昌华	盛增钰	开发区一中							11-12	18日上 08:55
2	邹振刚	崔嵩	武汉长光电源								
3	乐成志	余火焰	湖北军山工贸								
4	王富荣	姚建平	太平爱克电线电缆								

A组男双 第8组			1	2	3	胜次	净胜	名次	场地	比赛时间
1	刘震	龚勋	东风至乐球馆							2	18日上 09:20
2	周磊	许飞	经开投资一队								
3	陈利军	王琨	湖北三环汽车电器								

续表

	A组男双 第9组			1	2	3		胜次	净胜	名次	场地	比赛时间
1	傅道斌	黄孝华	沌阳街								3	18日上
2	陈航	张堆	江汉大学									
3	蔡陶钧	舒欢	东风汽车公司总部机关队									09:20

	A组男双 第10组			1	2	3		胜次	净胜	名次	场地	比赛时间
1	秦雪刚	杨波	东风本田汽车								4	18日上
2	裘晓峰	刘明	吉布达伟士									
3	刘念果	胡军涛	友德汽车电器									09:20

B组男子单打（第一阶段）

	B组男单 第1组		1	2	3		胜次	净胜	名次	场地	比赛时间
1	万全进	武汉恒通汽车线束								5	18日上
2	杨业祥	海特生物									
3	冯军	SEW-传动设备									09:20

	B组男单 第2组		1	2	3		胜次	净胜	名次	场地	比赛时间
1	赵吉	哈金森								6	18日上
2	熊育剑	汤湖公园									
3	杨春宏	开发区一中									09:20

	B组男单 第3组		1	2	3	4	胜次	净胜	名次	场地	比赛时间
1	李志	新滩建投								7-8	18日上
2	张卫华	哈金森									
3	赵建明	亚大汽车塑料									
4	徐向羽	电计贸易武汉分公司									09:20

	B组男单 第4组		1	2	3	4	胜次	净胜	名次	场地	比赛时间
1	胡胜利	开发区一中								9-10	18日上
2	吕品评	顶津食品有限公司									
3	丁昉	海特生物									
4	刘三华	武汉恒通汽车线束									09:20

续表

	B组男单 第5组			1	2	3	4	胜次	净胜	名次	场地	比赛时间
1	郑志明		开发区一中								11-12	18日上 09:20
2	蒋锋		湖北银光电力									
3	李莲		哈金森									
4	刘松发		法雷奥车灯									
	B组男单 第6组			1	2	3		胜次	净胜	名次	场地	比赛时间
1	邱劲		沌阳街								5	18日上 09:45
2	闫毅		东风至乐球馆									
3	韩军		海特生物									

B组男子双打（第一阶段）

	B组男双 第1组			1	2	3	胜次	净胜	名次	场地	比赛时间
1	王亚星	阚文兵	东风雷诺							5	18日上 10:10
2	付鹏	彭福生	海特生物								
3	叶朝晖	李炳峰	经开投资一队								
4	张祖同	魏正业	东风汽车公司总部机关队								
	B组男双 第2组			1	2	3	胜次	净胜	名次	场地	比赛时间
1	方雪松	吉新林	湖北银光电力							6	18日上 10:10
2	钱斌	余永柏	可口可乐								
3	丁旭东	孙卫东	通好机电设备								
	B组男双 第3组			1	2	3	胜次	净胜	名次	场地	比赛时间
1	朱付生	杨玮玮	东风房地产							6	18日上 09:45
2	吴东哲	侯宇明	东风汽车技术中心								
3	谢贵望	吴有元	武汉车都建设投资								
	B组男双 第4组			1	2	3	4	胜次	净胜	名次	场地	比赛时间
1	杨武临	伊军	武汉协和齿环								7-8	18日上 09:45
2	黄新霖	史争	通好机电设备									
3	郑柱泉	夏云建	武汉商学院									
4	王汉荣	刘英伟	湖北三环汽车电器									

续表

	B组男双 第5组			1	2	3	4	胜次	净胜	名次	场地	比赛时间
1	张斌	罗向军	东风商用车技术中心								9-10	18日上
2	杨少斌	范琼	吉布达伟士									
3	刘静斌	郑风雷	武汉长光电源									09:45
4	方法六	林刚	东风贝洱									

	B组男双 第6组			1	2	3	4	胜次	净胜	名次	场地	比赛时间
1	邓飞	游文虹	沌阳街								11-12	18日上
2	徐晓欧	陈兵	神龙汽车有限公司									
3	熊然	温基显	东风房地产									09:45
4	白德慧	季汉中	湖北长天通信科技									

	B组男双 第7组			1	2	3	4	胜次	净胜	名次	场地	比赛时间
1	谢超	周军	江汉大学								11-12	18日上
2	付夜露	周宏广	通好机电设备									
3	陈波	刘文清	开发区一中									10:10
4	张宇	李祥	湖北军山工贸									

	B组男双 第8组			1	2	3	4	胜次	净胜	名次	场地	比赛时间
1	郑华阳	詹江	吉布达伟士								9-10	18日上
2	蔡志宇	方漱峰	可口可乐									
3	陈卫方	信继欣	东风汽车技术中心									10:10
4	吴俊民	方钟祥	开发区第二初									

	B组男双 第9组			1	2	3	胜次	净胜	名次	场地	比赛时间
1	罗忠路	姚堰福	通好机电设备							8	18日上
2	祝强	程瑶	东风本田汽车								
3	大矢正规	中岛毅	理研								10:10

	B组男双 第10组			1	2	3	胜次	净胜	名次	场地	比赛时间
1	田东风	杨勇	武汉体育中心							7	18日上
2	周凯	张铁力	东风贝洱								
3	田军	徐银旺	东风房地产								10:10

混合双打

混合双打 第1组			1	2	3	胜次	净胜	名次	场地	比赛时间
1	郭立华	曹汉洁	湖北军山工贸							18日上
2	蔡飞	刘阿莉	海特生物						1	
3	孙世丰	花霞敏	东风汽车技术中心							10:10

混合双打 第2组			1	2	3	胜次	净胜	名次	场地	比赛时间
1	张若光	谢孟瑶	江汉大学							18日上
2	黄先辉	汤慧敏	汤湖公园						2	
3	李志	陈智慧	湖北三环汽车电器							10:10

混合双打 第3组			1	2	3	胜次	净胜	名次	场地	比赛时间
1	李文军	李文	武汉车都轨道交通							18日上
2	刘丽红	薛奎	东风贝洱						1	
3	范庆	张凡	武汉商学院							10:35

混合双打 第4组			1	2	3	胜次	净胜	名次	场地	比赛时间
1	汪军庆	陈卫华	哈金森							18日上
2	柴进	吴莉荣	行政审批局						2	
3	徐向勇	万学宁	开发区第二初							10:35

混合双打 第5组			1	2	3	胜次	净胜	名次	场地	比赛时间
1	李彩霞	朱勇	东风商用车技术中心							18日上
2	王勇	吴娟	经开投资一队						3	
3	林海若	冯攀	湖北银光电力							10:35

混合双打 第6组			1	2	3	胜次	净胜	名次	场地	比赛时间
1	权西魁	孙继平	武汉车都建设投资							18日上
2	叶伟	高英	海特生物						4	
3	欧阳知宇	许平	武汉巨迪金属管业							10:35

续表

混合双打 第7组			1	2	3	4	胜次	净胜	名次	场地	比赛时间
1	袁萍	甘宇峰	三环工塑								
2	郭旭	魏晓彤	东风汽车公司总部机关队								7-8	18日上
3	阚文斌	于桂英	\									10:35
4	周煜	孔雪松	开发区一中									

混合双打 第8组			1	2	3	4	胜次	净胜	名次	场地	比赛时间
1	鲁荣华	王军伟	东风贝洱								
2	涂盛山	史荣华	武汉恒通汽车线束								9-10	18日上
3	王晓勤	王涛	开发区人民检察院									10:35
4	雷钧	金纬	武汉协和齿环									

混合双打 第9组			1	2	3	4	胜次	净胜	名次	场地	比赛时间
1	曾江峰	黄黎君	武汉车都轨道交通								
2	邓楠	许洁	东风至乐球馆								11-12	18日上
3	沈红兵	杨文莉	江汉大学									10:35

混合双打 第10组			1	2	3	4	胜次	净胜	名次	场地	比赛时间
1	孙平	陈艳玲	开发区第二初								
2	陈哲	陈君桥	三环工塑								11-12	18日上
3	何平	杨玲玲	神龙汽车有限公司									11:00
4	刘燕	候军	东风李尔									

混合双打 第11组			1	2	3	4	胜次	净胜	名次	场地	比赛时间
1	刘友京	谢颖	东风汽车公司总部机关队								
2	黄龙	冯丹	经开投资一队								9-10	18日上
3	肖昌飞	胡繁	太平爱克电线电缆									11:00
4	陈华山	李忠芳	理研									

混合双打 第12组			1	2	3		胜次	净胜	名次	场地	比赛时间
1	张随涛	万红梅	东风本田汽车								
2	陈楚平	蔡明娅	海特生物								8	18日上
3	周晓	王军宏	东风贝洱									11:00

续表

混合双打 第13组			1	2	3	胜次	净胜	名次	场地	比赛时间
1	黄梅君	梁勇	江汉大学							7	18日上 11:00
2	胡迅	龙燕	可口可乐								
3	许伦弘	陶芳	东风房地产								

混合双打 第14组			1	2	3	胜次	净胜	名次	场地	比赛时间
1	林静静	熊岩	武汉车都建设投资							6	18日上 11:00
2	姚诚杰	张琳	汤湖公园								
3	李宝兰	王志明	武汉体育中心								

混合双打 第15组			1	2	3	胜次	净胜	名次	场地	比赛时间
1	阮守武	祝秀云	开发区第二初							6	9日上 10:35
2	吴琦	严焰	东风商用车技术中心								
3	周文勇	侯静	湖北银光电力								

混合双打 第16组			1	2	3	胜次	净胜	名次	场地	比赛时间
1	黎亚维	周哲	东风雷诺							5	9日上 10:35
2	何凡	林丹萍	行政审批局								
3	鲍丹	殷思宗	三环工塑								

A组男子单打(第二阶段)

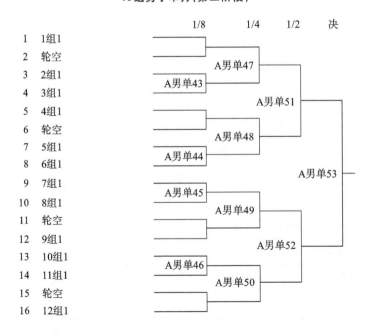

A组男子双打(第二阶段)

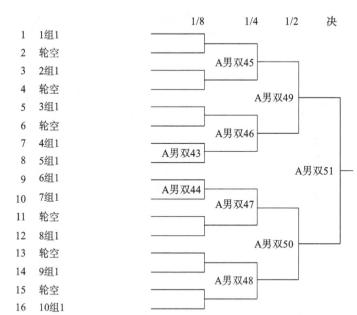

B组男子单打(第二阶段)

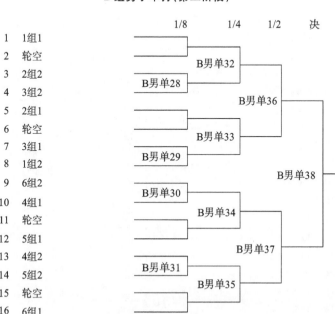

B组男子双打（第二阶段）

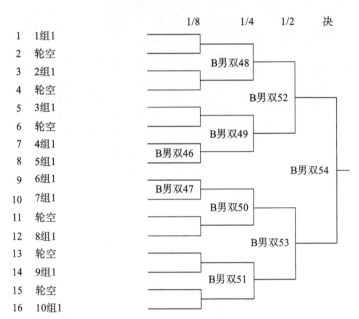

混合双打（第二阶段）

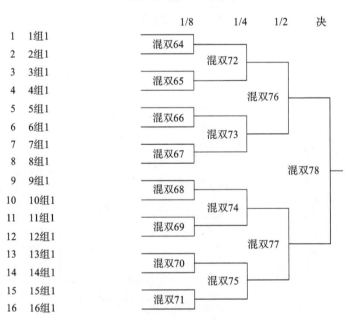

(3) 竞赛顺序。

10月17日竞赛顺序(1)

场序	1号场地		2号场地		3号场地		4号场地		5号场地		6号场地	
17日	团01		团02		团06		团07		团08		团09	
8:30	1组2	1组3	2组2	2组3	6组1	6组4	6组2	6组3	7组1	7组4	7组2	7组3
1	技术中心1队	云克隆科技	友德汽车	市场监管局	三环汽车	东风乘用车	开发区二初	湖北省地质局	神龙公司	东风贝尔	协和齿环	哈金森
	团19		团20		团24		团25		团26		团27	
2	1组1	1组3	2组1	2组3	6组1	6组3	6组2	6组4	7组1	7组3	7组2	7组4
	东风本田	云克隆科技	经开一队	市场监管局	三环汽车	湖北省地质局	开发区二初	东风乘用车	神龙公司	哈金森	协和齿环	东风贝尔
	团37		团38		团42		团43		团44		团45	
3	1组1	1组2	2组1	2组2	6组1	6组2	6组3	6组4	7组1	7组2	7组3	7组4
	东风本田	技术中心1队	经开一队	友德汽车	三环汽车	开发区二初	湖北省地质局	东风乘用车	神龙公司	协和齿环	哈金森	东风贝尔
	团21		团22		团23		团34		团35		团36	
4	3组1	3组3	4组1	4组3	5组1	5组3	12组1	12组3	13组1	13组3	14组1	14组3
	银光电力	江汉大学	至乐馆	开发区海关	沌阳街	军山工贸	协和医院	技术中心2队	东风总部	名辛电子	车都一队	法雷奥
	团39		团40		团41		团52		团53		团54	
5	3组1	3组2	4组1	4组2	5组1	5组2	12组1	12组2	13组1	13组2	14组1	14组2
	银光电力	海特生物	至乐馆	东风房地产	沌阳街	车都二队	协和医院	庭瑞观澜	东风总部	经开三队	车都一队	理研汽配
	团55		团56		团57		团58		团59		团60	
	1/8赛		1/8赛		1/8赛		1/8赛		1/8赛		1/8赛	

场序	1号场地	2号场地	3号场地	4号场地	5号场地	6号场地
17日		团61			团62	
14:00		1/4赛			1/4赛	
1						
2					团65	
					1/2赛	
3					团67	
					决赛	

10月17日竞赛顺序(2)

场序	7号场地		8号场地		9号场地		10号场地		11号场地		12号场地	
17日	团10		团11		团12		团13		团14		团15	
8:30	8组1	8组4	8组2	8组3	9组1	9组4	9组2	9组3	10组2	10组3	11组2	11组3
1	商用车技术中心	经开能源	经开二队	开发区一中	武汉商学院	东本储运	非凡电源	顶津食品	通好机电	明达玻璃	三环工塑	管教所
	团03	团04		团05		团16		团17		团18		
2	3组2	3组3	4组2	4组3	5组2	5组3	12组2	12组3	13组2	13组3	14组2	14组3
	海特生物	江汉大学	东风房地产	开发区海关	车都二队	军山工贸	庭瑞观澜	技术中心2队	经开三队	名辛电子	理研汽配	法雷奥
	团28	团29		团30		团31		团32		团33		
3	8组1	8组3	8组2	8组4	9组1	9组2	9组3	9组4	10组1	10组3	11组1	11组3
	商用车技术中心	开发区一中	经开二队	经开能源	武汉商学院	顶津食品	非凡电源	东本储运	体育中心	明达玻璃	工建彩钢	管教所
	团46	团47		团48		团49		团50		团51		
4	8组1	8组2	8组3	8组4	9组1	9组2	9组3	9组4	10组1	10组2	11组1	11组2
	商用车技术中心	经开二队	开发区一中	经开能源	武汉商学院	非凡电源	顶津食品	东本储运	体育中心	通好机电	工建彩钢	三环工塑
5												

场序	7号场地	8号场地	9号场地	10号场地	11号场地	12号场地
17日 14:00		团63			团64	
1		1/4赛			1/4赛	
2		团66				
		1/2赛				
3						

10月18日竞赛顺序

序号	时间	1号场地	2号场地	3号场地	4号场地	5号场地	6号场地	7号场地	8号场地	9号场地	10号场地	11号场地	12号场地
1	08:30	A男单1组	A男单2组	A男单3组	A男单4组	A男单5组	A男单8组	A男单6组	A男单6组	A男单7组	A男单7组	A男单9组	A男单10组
2	08:55	A男单11组	A男单12组	A男双1组	A男双10组	A男双4组	A男双8组	A男双5组	A男双6组	A男双6组	A男双7组	A男双7组	A男双7组
3	09:20	A男双2组	A男双8组	A男双9组	A男双2组	B男单1组	B男单2组	B男单3组	B男单3组	B男单4组	B男单4组	B男单5组	B男单5组
4	9:45	A男单1/8	A男单1/8	A男单1/8	A男单1/8	B男单6组	B男双3组	B男双4组	B男双5组	B男双5组	B男双6组	B男双6组	B男双6组
5	10:10	混双3组	混双2组	A男双1/8	A男双1/8	B男双1组	B男双2组	B男双10组	B男双9组	B男双8组	混双8组	混双9组	混双9组
6	10:35	混双3组	混双4组	混双5组	混双6组	混双16组	混双15组	混双13组	混双12组	混双11组	混双11组	混双10组	混双10组
7	11:00	A男双1/4	A男双1/4	A男单1/4	A男双1/4	B男单1/8	B男单1/8	B男单1/8	B男单1/8	B男双1/8	B男双1/8	B男双1/4	B男双1/4
8	11:25	A男双1/4	A男双1/4	B男双1/4	B男双1/8	B男单1/8	混双1/8	混双1/8	混双1/8	混双1/8	混双1/8	混双1/8	混双1/8
9	11:50	B男单1/4	B男单1/4	B男双1/4									
10	12:15	B男单1/4	B男单1/4										混双1/4

序号	时间								
1	14:00			A男单1/2	A男双1/2	A男双1/2	A男双1/2	A男双1/2	B男双1/2
2	14:30			B男单1/2	B男单1/2	B男单1/2	混双1/2	混双1/2	B男双1/2
3	15:00	A男单决赛		A男双决赛	A男双决赛				B男双决赛
4	15:30	B男单决赛			混双决赛				

这是对外公布的竞赛顺序,准确性至关重要,本步骤一定要认真核对,应经两人以上核对。

附:编排知识小结

一、羽毛球竞赛项目

团体赛:男团、女团、混合团体

赛制:三场制(单、双、单)

五场制(三单两双,男单、女单、男双、女双、混双)

单项赛:男单、女单、男双、女双、混双

二、常用竞赛方法

1. 单循环赛

概念

位置号

轮、轮次、轮数

场、每轮场数、总场数

轮次的确定

名次的确定

分组循环赛

分组方法

2. 单淘汰赛

概念

位置号

区

轮、轮次、轮数

场、场数

轮空、轮空数、轮空位置

画出单淘汰赛表

标出"种子"位置

三、编排知识

(1) 编排工作的重要依据:规程、规则、场地负担量、运动员负担量等。

(2) 竞赛日程及工作步骤。

思考题

1. 羽毛球初学者应该如何选择适合自己的球拍？
2. 羽毛球单项比赛有哪几个项目？
3. 羽毛球握拍有哪两种方法？
4. 羽毛球初学者要学习的三种基本步法是什么？
5. 羽毛球运动在不同人群中的作用是什么？
6. 如何预防羽毛球运动损伤？请举例说明。
7. 汤姆斯杯和尤伯杯几年举行一次？
8. 从哪一年开始，在何地羽毛球比赛正式成为奥运会项目？
9. 羽毛球比赛32人单淘汰赛制应该如何编排？
10. 羽毛球比赛前如何调整心理？

附件　各种比赛表格

附件1　羽毛球比赛计分表

( )子团体赛计分表

_____队
对
_____队

阶段	组别（位置号）	日期	时间	场号

单位 姓名 项目	队	队	每局比分			每场结果	裁判员签名
			1	2	3		
第一单打							
双打							
第二单打							

比赛结果_____　　获胜队_____　　裁判长签名_____

(　　)子团体赛出场名单

组别_____　日期_____　时间_____　场地号_____

_____队　对　_____队

顺序	项目	运动员姓名
1	第一单打	
3	双打	／
2	第二单打	

队名_____　教练员签名_____

(　　)子团体赛出场名单

组别_____　日期_____　时间_____　场地号_____

_____队　对　_____队

顺序	项目	运动员姓名
1	第一单打	
3	双打	／
2	第二单打	

队名_____　教练员签名_____

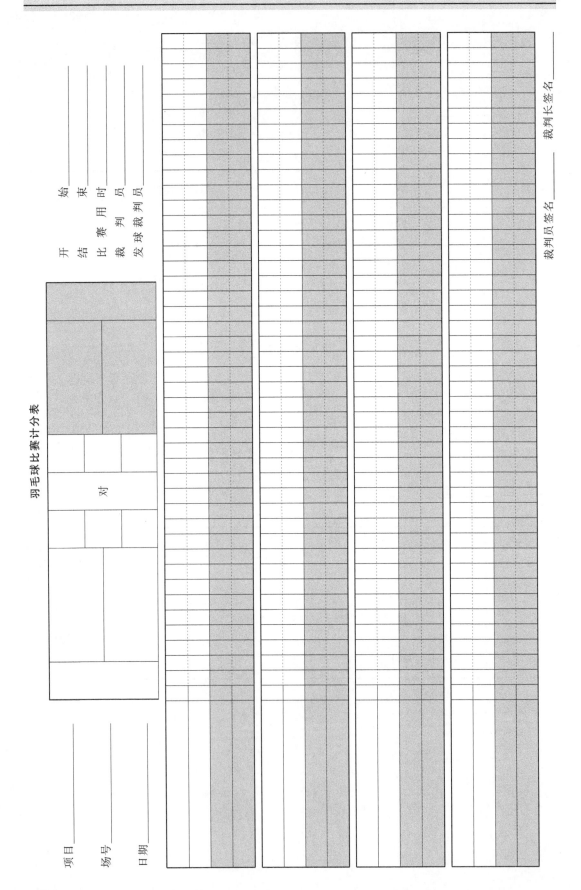

附件2　2017年湖北省大学生羽毛球锦标赛报名表

2017年湖北省大学生羽毛球锦标赛报名表

学校名称：

领队：　　　　　　　教练员：　　　　　　　联系电话：

所有参赛运动员名单（女同学请注明）

1	2	3	4	5
6	7	8	9	10
11	12	13	14	15
16	17	18	19	20

团队赛报名表

组别　　甲组（　　）　　丙组（　　）

男子团队	1	2	3	4
	5	6		
女子团队	1	2	3	4
	5	6		

注：请在组别括号内打（√）。

负责人签名：　　　　　　　单位签章：

2017年湖北省大学生羽毛球锦标赛报名表

学校名称：

领队：　　　　　　教练员：　　　　　　联系电话：

单项赛报名

组别　　甲组（　　）　　丙组（　　　）

男子单打		女子单打		男子双打		女子双打		混合双打	
1		1		1		1		1	
2		2		2		2		2	
3		3							
4		4							

组别　　乙组

男子单打		女子单打		男子双打		女子双打		混合双打	
1		1		1		1		1	
2		2		2		2		2	
3		3							
4		4							

填表注意事项：1.所有姓名中不允许有空格；2.双打填表样式　　张××/王××

注：请在组别括号内打（√）。

负责人签名：　　　　　　单位盖章：

报名材料：1.报名表；2.学籍证明（招生录取审批复印件及学生证复印件）；3.身份证复印件

主要参考文献

[1] 中国羽毛球协会.羽毛球竞赛规则(2017)[M].北京:北京体育大学出版社,2017.

[2] 王琳.跟冠军学打羽毛球(全彩图解视频学习版)[M].北京:人民邮电出版社,2018.

[3] 舛田圭太.图解羽毛球技术和战术:基础训练200项[M].杨琳琳,译.北京:人民邮电出版社,2018.

[4] 全国青少年运动技能等级标准研制组.青少年羽毛球运动技能等级标准与测试方法[M].北京:科学出版社,2018.

[5] 高濑秀雄.羽毛球训练图解:126个练习快速提升基础与实战技巧[M].刘丹丹,译.北京:人民邮电出版社,2018.

[6] 贝恩德-沃克尔·勃拉姆斯.羽毛球全攻略:技术、战术与训练[M].谢俊,译.北京:人民邮电出版社,2016.

[7] 朱建国.羽毛球运动教学与训练教程[M].北京:清华大学出版社,2015.

[8] 张曦,牛雪彤.看图学打羽毛球[M].北京:人民邮电出版社,2015.

[9] 田儿贤一.超级羽毛球技术[M].张世响,金晓平,陈思淼,等译.北京:人民体育出版社,2014.

[10] 肖杰.羽毛球[M].南京:江苏科学技术出版社,2010.

[11] 经飞跃,盛紫莹,冯海丽,等.羽毛球单项技术稳定性评价指标的适应性研究[J].西安体育学院学报,2015,32(6):750-754.

[12] 叶妍辛,盛紫莹,文凯.儿童少年羽毛球运动员的协调素质训练研究[J].武汉商业服务学院学报,2014,28(1):93-96.

[13] 刘智英.羽毛球技术教学研究[J].福建体育科技,2010,29(6):37-39.

[14] 韩迎春.从苏迪曼杯看羽毛球技术发展态势[D].扬州:扬州大学,2014.